DON BOSCO

Angelika Albrecht-Schaffer

Theater werkstatt

100 und eine Idee rund ums Theaterspielen

unter Mitarbeit von Katrin Rohlfs

DON BOSCO

Gerne nehmen wir Ihre Anregungen, Wünsche, Kritik oder Fragen entgegen:
Don Bosco Medien GmbH, Sieboldstraße 11, D-81669 München
anregungen@donbosco-medien.de
Servicetelefon: +49(0)89 48008-341

Bibliografische Information der Deutschen Nationalbibliothek

Die Deutsche Nationalbibliothek verzeichnet diese Publikation in der Deutschen Nationalbibliografie; detaillierte bibliografische Daten sind im Internet über http://dnb.d-nb.de abrufbar.

10. Auflage 2022 / ISBN 978-3-7698-1548-1

www.donbosco-medien.de
Umschlag und Gestaltung: ReclameBüro, München
Umschlagfoto: Manfred Lehner, Blue Cat Design
Fotos Innenteil: S. 10: Manfred Lehner; S. 129 und 130: Katrin Rohlfs;
alle übrigen: Angelika Albrecht-Schaffer
Zeichnungen: Angelika Albrecht-Schaffer und Bernd Albrecht
Satz: undercover, Aletshausen-Winzer
Produktion: Don Bosco Druck & Design, Ensdorf

klimaneutral gedruckt
www.klima-druck.de
ID-Nr. 21105634
bvdm.

Gedruckt auf umweltfreundlichem Papier

Inhalt

Der Vorhang öffnet sich!

Die Wurzeln des Theaters

„Wenn wir heute von Theater sprechen, denken wir an Schauspieler, die auf einer Bühne und vor Publikum ein Drama aufführen. Diese Kunst kennt die Welt erst seit etwa 2500 Jahren. Forschen wir jedoch nach den Anfängen des mimischen Spiels, so lassen sich seine Spuren bis in die Steinzeit zurückverfolgen. Die Völkerkundler, nach den geografischen Ursprüngen des Theaters befragt, wissen gar von theatralischen Verhaltensweisen in der sozialen Kommunikation fast aller Kulturen der Welt zu berichten. Theaterspiel ist also eine universelle menschliche Sprache, derer sich die Völker nicht erst im kultischen Ritual bedienten, auch wenn dieses gemeinhin als Urquelle des Welttheaters gilt. Es entspringt den menschlichen Grundantrieben zur Nachahmung, Mitteilung und Veränderung der wahrgenommenen Umwelt. Wer Kinder heranwachsen sieht, kann beobachten, wie der Mensch spielend und nachahmend lernt, sich in der Welt zu bewähren. Das Kind imitiert Wirklichkeit und stellt dabei zugleich seine Sicht der Welt dar. Im Kinder-, wie im Theaterspiel manifestiert sich der menschliche Drang, diese Wirklichkeit nicht einfach als Gegebenes hinzunehmen, sondern sie gewissermaßen „magisch“ im Spiel und durch das Spiel zu verwandeln.“ Andrea Grönemeyer (1995, 8)

Herzlich willkommen in einem Buch, das Ihnen vielfältige Anregungen zum Theaterspielen mit Kindern geben möchte. Es soll Sie ermuntern, Spiele und Übungen nach Herzenslust miteinander zu kombinieren und für Ihre Zwecke und Ihre Gruppe zu verändern. Verknüpfen Sie diese Ideen mit ihren eigenen Vorstellungen. Haben Sie Mut, viel auszuprobieren, um damit das eigene Spektrum zu erweitern. Erheben Sie keinesfalls vom ersten Treffen an den Anspruch an Perfektion. Die Entstehung einer Kindertheatergruppe und ein mögliches Theaterprojekt ist ein Prozess, den alle Beteiligten Schritt für Schritt gehen.

Theaterspiel ist die Verbindung aus Theater und Spiel. Theater ist Verwandlung und der Auftritt vor einem Publikum. Spiel ist zweckfrei, die selbstvergessene Freude, in Rollen zu schlüpfen und mit dem Ausdruck zu spielen. Theaterspiel darf zweckfrei bleiben und muss nicht pädagogisiert, Mittel zum Zweck werden. Ungeachtet dessen trägt Theaterarbeit sehr viel zur persönlichen Entwicklung bei.
Theater spielen mit Kinder heißt, ihnen eine Möglichkeit zu bieten, sich mit ihrem Leben, mit ihren Wünschen und ihren Interessen auseinander zu setzen. Kinder haben ein Recht auf Spiel und Kunst, die von ihren Bedürfnissen und Fähigkeiten ausgehen und die von ihnen selbst kreiert werden. Theaterspielen mit Kindern meint im Wesentlichen nicht das strenge Einüben von fertigen Textvorlagen, sondern das Wagnis, mit den Ideen der Kinder und den eigenen Vorstellungen, Theater als ein Spiel zu erleben und eventuell ein eigenes Stück zu entwickeln.
Ein Theaterprojekt mit Kindern heißt, mit ihnen das richtige Stück auszuwählen, die vielen Talente optimal zusammenzuführen, einen passenden Spielort zu wählen und mit viel Genuss vor dem richtigen Publikum aufzutreten.
Theaterspielen mit Kindern ist das Gespräch, der Austausch, die eigene Reflexion, das Staunen über die Fähigkeiten, die Freude am Darstellen, der Spielspaß, der alles vergessen lässt, die kindliche Schöpferkraft, die positive Entwicklung des Einzelnen. Es ist das Erlebnis, wie aus einer im Spiel und im Gespräch entstandenen Grundidee ganz allmählich ein Stück entsteht.

Kinder genießen das Theaterspielen und das sollten Sie als Spielleiter und Spielleiterin auch.

Auf meine Frage, was für ihn das Wichtigste am Theaterspielen mit Kindern sei, antwortete ein Kollege: „Der schönste Moment ist, wenn die Kinder aus sich heraus gehen und ihre ganze Spielfreude ausleben." Dem möchte ich mich anschließen.

Vorhang auf, für ein Buch mit vielen Ideen, Tipps aus der Praxis, Vorschlägen zur Organisation der Theaterarbeit und einem Einblick in verschiedene Theaterformen. Herzlichen Dank an Katrin Rohlfs, Pädagogin für Musik- und Bewegungserziehung, die mit dem Kapitel „Theater und Musik" das Thema des Buches wertvoll ergänzt und mir beim Korrekturlesen sehr behilflich war!

Angelika Albrecht-Schaffer

Theaterspielen mit Kindern

„Fantasie ist ein Vogel; manch einer stutzt ihm die Flügel, manch einer sperrt ihn in einen Käfig. Aber – er bleibt immer ein Vogel und wartet auf den Moment, in dem er losfliegen kann. Und wie schön ist es, wenn er fliegt!" Rudolf Seitz (1998, 19)
Die Theatergruppe kann für Kinder ein solcher Moment sein, in dem die Tür aufgeht und der Fantasievogel herausfliegen darf.

Vom Rollenspiel zum Theaterspiel

Theater zu spielen entspringt dem Wunsch, die Wirklichkeit nicht als etwas Gegebenes hinzunehmen, sondern sie durch das eigene Spiel zu verwandeln und zu beeinflussen. Der Mensch hat einen Grundantrieb zur Nachahmung, Mitteilung und Veränderung der wahrgenommenen Umwelt.

Vorschulalter

Das Rollenspiel gehört ins Vorschulalter und in die ersten Schuljahre. Es ist geprägt durch die Nachahmung von Handlungen und Abläufen, eine „Als-ob-Einstellung", eine fiktive Verwandlung in Personen, eine willkürliche Umdeutung von Dingen und Verlebendigung von Leblosem. Der Impuls für das Rollenspiel kommt aus dem Kind heraus, vorrangig zur Verarbeitung von Erlebnissen. Kinder im Kindergartenalter können eine Rolle in einem Theaterstück spielen, aber sie gestalten sie nicht bewusst.
Die Zeit des Rollenspiels klingt im achten/neunten Lebensjahr aus. Der formale Teil, Kostüme, Maske, Requisiten, Eintrittskarten und Einladungen stehen im Vordergrund des Interesses. Das Schauspiel selbst ist eher dürftig und angelehnt an Stereotypen (Schenk-Danzinger 1993, 175f.).

Schulalter

Bis zum zehnten Lebensjahr machen die Kinder eine starke körperliche und geistige Entwicklung durch. Sie verlassen die kindliche Traumwelt hin zu

einer realistischeren Erfassung der Welt. Das Wissens- und Lernbedürfnis ist ausgeprägt, das logische Denken verstärkt sich, Aufmerksamkeitsfähigkeit und Konzentrationsspanne nehmen zu. Der Gemütszustand ist ausgeglichen. Einleuchtende Regeln werden anerkannt. Es besteht keine Scheu auf neue und unbekannte Situationen zuzugehen.
All das sind wunderbare Vorraussetzungen, um die Kinder an Theaterspielen, Rollenarbeit und die Anforderungen für eine Aufführung heranzuführen. Die Offenheit, Neues auszuprobieren steckt an, selber unbekannte Spielideen zu erproben.

Der Spielleiter ist gleichzeitig Autorität und Freund. Regeln und Grenzen müssen plausibel erklärt werden. Fragen und Probleme müssen ernst genommen und Leistungen gerecht bewertet werden.

Vorpubertät

In der Vorpubertät sind Mädchen in der geistigen und körperlichen Entwicklung den Jungen voraus. Diese sind in einer Theatergruppe weniger zu finden, weil ihnen hier das Austoben und Kräftemessen fehlt. Das gesteigerte Geltungsbedürfnis der Kinder beschäftigt sich vor allem mit dem Aussehen und der Wirkung auf andere, und sie suchen Anerkennung. Gefühlsschwankungen und Unklarheit über eigene Empfindungen verunsichern und werden durch lautes und auffälliges Auftreten überspielt.

Die Kinder sind begeisterungsfähig, mit rasch wechselnden Interessen. Wohl werden Ideen zögerlicher ausprobiert und Vorschläge zunächst hinterfragt. Übungen, bei denen die Kinder spüren, dass sie für ihre Entwicklung gut sind, werden gern angenommen.

Der Spielleiter hat die Rolle eines Kameraden. Unsicherheit darf nicht verstärkt werden. Die Suche nach der eigenen Persönlichkeit wird mit dem Ausprobieren vieler Rollen unterstützt. Theaterprojekte fordern heraus und fördern individuelle Entwicklung.

Die Bedeutung des Theaterspielens für Kinder

„Ich spiele gern Theater, weil es Spaß macht. Wenn man eine Rolle spielt, kann man Sachen machen, die man sich sonst nicht traut."

Die gemeinschaftliche Arbeit an einem Theaterprojekt holt die Kinder aus der Konsumentenrolle heraus. Sie erleben die Welt des Theaters nicht als eine Kunstform, die in großen Häusern und mit entsprechend professionellem Personal gestaltet wird, sondern als etwas, das sie selbst gestalten dürfen.

„Theaterspielen macht Spaß, weil man ein Märchen neu entdecken kann. Meine Traumrolle wäre die Hexe. Beim Theaterspielen kann ich Quatsch machen."

Die gemeinsame Bearbeitung von einem Spielstoff bietet die Möglichkeit der Auseinandersetzung mit verschiedenen Kulturen, mit unterschiedlichen Lebenswelten und vielfachen Erfahrungen. Die Theatergruppe bietet den Rahmen sich darüber auszutauschen, Interpretationen zu suchen und die eigene Umsetzung der Geschichte zu finden.

„Ich finde das Schönste, sich in andere Rollen zu versetzen bzw. das zu versuchen."

Theaterspielen fördert den verbalen und nonverbalen Ausdruck und trägt dazu bei, die Kommunikationsfähigkeit zu erweitern. Die Kinder erfahren die Vielfalt der körperlichen Ausdrucksmöglichkeit und werden sicher darin, das Gewünschte erkennbar darzustellen.
Gestik und Mimik werden gezielt erprobt und eingesetzt, um Gefühle und Emotionen darzustellen. Die Beobachtungsgabe, die Nachahmungsfähigkeit und das Zuhören werden geschult. Der sprachliche Bereich wird umfangreich

gefördert: Erfahren von Lautstärke, Tonfall, Artikulation, Betonung, Sprechgeschwindigkeit, Sprechpausen, Ausdrucks- und Modulationsfähigkeit der Stimme, die Erweiterung des Wortschatzes und der Wortgewandtheit.

„Ich finde es schön, wenn die Gruppe zusammen spielt und das Theaterstück gut klappt und man Freude am spielen hat."
Eine Theateraufführung ist ein Gemeinschaftswerk, in dem viel Engagement von jedem Einzelnen steckt. Die Kinder führen gerne etwas auf, selbst wenn sie sich anfangs anscheinend zieren. Sie sind stolz auf ihre Leistung und möchten das zeigen.
Die soziale Kompetenz wächst durch die Zusammenarbeit, die Kooperationsbereitschaft, die Übernahme von Verantwortung und den Einsatz für ein gemeinsames Ziel. Werte in der Gruppe geben Orientierung und müssen anerkannt werden. Unterschiedliche Möglichkeiten der Konfliktlösung werden entwickelt und ausprobiert. Kompromissbereitschaft ist verlangt, wenn die Wunschrolle anderweitig vergeben wird. In der Auseinandersetzung mit dem Spielstoff und den Aufgabenstellungen müssen andere Ansichten akzeptiert werden und Einfühlungsvermögen ist gefordert.

„Die Theatervorstellung macht mir am meisten Spaß. Ich spiele gerne vor Publikum. Ich mag es, wenn man Applaus bekommt."
Eine Theatergruppe hat Zeiten, in denen Übungen und Spiele darauf abzielen, die Ausdrucks- und Spielfähigkeit zu erweitern. Diese Fähigkeiten bündeln sich in dem Vorhaben, ein Theaterstück aufzuführen. Es braucht eine öffentliche Aufführung und den Applaus vom Publikum. Die Kinder zeigen damit etwas von sich, von ihren Ideen und ihren Fähigkeiten. Sie stellen ihre Version eines Themas zur „Diskussion" und erwarten dazu eine Rückmeldung.

„Ich finde es schön, wenn man lustig sein kann und als Clown etwas suchen kann und dann so spielt als ob man es findet."
Theaterspielen fördert die „Ich-Kompetenz", eigene Gefühle, Bedürfnisse und Interessen auszudrücken, Entscheidungen treffen zu können und mit Enttäuschungen altersgemäß umzugehen.

„Ich finde es schön, wenn man zeigen kann, was man gemacht und gelernt hat."
Die Kinder wachsen an den Rollen und den damit verbundenen Anforderungen. Sie entwickeln Selbstsicherheit, Selbstbeherrschung, Kombinationsfähigkeit und Reaktionsvermögen. Das Sachwissen im Theaterbereich erweitert sich.

Die wichtigsten Akteure treten ins Rampenlicht

Der Spielleiter

Die wichtigste Voraussetzung ist die Lust, mit Kindern Theater zu spielen, die Fähigkeit, andere zu begeistern und das eigene Interesse an diesem Metier. Eine Reihe anderer Begabungen sind darüber hinaus hilfreich. Die folgende Aufstellung soll niemandem den Mut nehmen. Möglicherweise ist es ein Anstoß für die eigene Fortbildung.

- Der Spielleiter leitet und führt die Gruppe.
  Er ist verantwortlich für den Spielraum, für einen pünktlichen Beginn und ein klares Ende. Er ist Ansprechpartner für die Eltern und verantwortlich für jedes Kind, solange es in der Gruppe ist.
  Er bemüht sich, sich nicht durch Aufführungsdruck, ehrgeizige Eltern und Veranstalter aus der Ruhe bringen zu lassen.
- Der Spielleiter ist vorbereitet und gestaltet den Ablauf der Treffen.
  Der Spielleiter hat ein Ziel vor Augen, das er behutsam in entsprechenden Schritten mit der Gruppe verwirklicht.
  Die klare Struktur der Proben vermittelt den Kindern Sicherheit, um die eigenen Ideen einbringen zu können.
- Der Spielleiter hat schöpferische Fähigkeiten. Schöpferisch heißt Fantasie zu besitzen, Ideen zu entwickeln und den Mut, diese umzusetzen.
  Er regt schöpferische Prozesse bei den Kindern an, fördert die Lust, Geschichten zu erzählen, sie darzustellen und künstlerisch auszugestalten. Er bringt eigene Ideen als Impulse ein, die Platz für Ideen der Kinder lassen, sie zum Weiterdenken und Fabulieren anregen.
- Der Spielleiter ist flexibel in seiner Planung, um auf eine momentane Stimmung eingehen zu können. Er ist offen für Veränderungen und Anregungen, ohne den roten Faden zu verlieren. Er erkennt, wann die Spielfreude nachlässt und eine neue Übung folgen sollte.
- Der Spielleiter nimmt sich nach dem Treffen Zeit, um das Gelaufene Revue passieren zu lassen:

Habe ich das gewünschte Ziel erreicht?
Wie haben sich die Kinder heute verhalten?
Haben sie sich wohl gefühlt?
Was sollte ich verändern?
Wie geht es beim nächsten Treffen weiter?
Notieren Sie sich Spiele und Übungen, die gut angekommen sind, und halten Sie gute Einfälle fest.

- Der Spielleiter besitzt ein hohes Maß an Aufmerksamkeit und eine gute Beobachtungsgabe. Er beobachtet die Kinder und begleitet sie individuell, eine Rolle glaubhaft umzusetzen. Er achtet darauf, dass es weder zu einer Unter- noch Überforderung kommt. Er hat ein Gefühl für die benötigte Zeit, um eine Improvisation vorzubereiten. Wenn er mitspielt, besitzt er noch genügend Aufmerksamkeit, um die Gruppe im Blick zu haben.
- Der Spielleiter strahlt Sicherheit, Zuverlässigkeit und Vertrauen aus. Er gibt Orientierung und die Gewissheit, die gemeinsame Aufgabe zu bewältigen. Er motiviert und spornt dazu an, Neues auszuprobieren. Wenn ein Spiel nicht gut ankommt, reagiert er gelassen, kann sein Gefühl formulieren und eine neue Übung beginnen.
- Der Spielleiter kritisiert behutsam und konstruktiv. Er lobt detailliert, was wirklich lobenswert ist. Pauschalaussagen wie „Das habt ihr gut gespielt." werden vermieden. Er hat Geduld, wenn Kinder Anregungen nicht aufnehmen und bei der Umsetzung Schwierigkeiten haben.
  Hilfen und Korrekturen sind freundlich und taktvoll als Angebot formuliert. Es bringt wenig zu sagen: „Spiel die Hexe böser". Sinnvoller ist es, zusammen auszuprobieren, was mit „böse" gemeint ist und wie sich das in der Körperhaltung ausdrücken kann.
- Der Spielleiter strahlt Spielfreude aus und hat selber Lust am Darstellen. Es ist kein Widerspruch, ab und zu selbst in eine Rolle zu schlüpfen, Impulse zu geben und Geschichten auszumalen. Gerade zu Beginn eines Treffens oder einer Übung kann das hilfreich sein. Er nimmt sich rechtzeitig wieder zurück, bevor er nur nachgeahmt wird, und spielt die Kinder „nicht an die Wand".
- Der Spielleiter ist ein Organisationstalent. Er schafft es, alle Termine unter einen Hut zu bringen, Räume und Auftrittsmöglichkeiten zu organisieren, ist einfallreich darin, Requisiten und Kulissen zu finden und zu erfinden.

- Der Spielleiter eignet sich nötiges theaterpädagogisches Fachwissen an, ohne an sich den Anspruch zu haben, ein perfekter Schauspieler oder Regisseur zu sein oder zu werden.

Mit zunehmender Erfahrung wächst die Routine, mit der die Aufgaben die Rolle des Spielleiters zunehmend sicherer und gelassener ausgefüllt wird. Geben Sie sich immer wieder neue Impulse durch ein neues Spiel, einen neuen Spielort und neue Ideen!

Die Theatergruppe

In der Theatergruppe kommen spielfreudige Kinder zusammen, die sich nicht immer alle kennen. Es dauert seine Zeit bis aus einer mehr oder weniger zufälligen Mischung eine Gemeinschaft entsteht, in der jedes Kind seinen Platz hat. Einige „Spielregeln" helfen, die Entwicklung der Gruppe zu fördern, um die Voraussetzung für eine gelungene Zusammenarbeit und ein gutes Miteinander zu schaffen.

Die Entwicklung der Gruppe

Die erste Zeit, zumindest das erste Treffen, ist dem Kennenlernen gewidmet. Die Kinder „beschnuppern" sich und gehen noch scheu miteinander um. Freunde und Freundinnen bleiben unter sich. Der Kontakt zu anderen läuft meist über den Spielleiter. Die Kinder kommen mit vielen Fragen zu dem, was geplant ist. Kreisspiele zum Kennenlernen der Namen und zur Kontaktaufnahme fördert die Gemeinschaft und erlaubt individuelle Zurückhaltung und Öffnung. Die Anforderungen sollten so sein, dass sich kein Kind blamiert oder verunsichert fühlt. Am Anfang sollte man Spiele und Übungen auswählen, bei denen alle das Gleiche machen und allmählich zu Spielen in Kleingruppen und Paaren übergehen. Die Scheu, sich vor anderen hinzustellen und etwas zu zeigen, wird so genommen.

- Die vorhandene Neugierde, Mut und Spielfreude sollte unbedingt gefördert werden. Vermeiden Sie Leistungsdruck! Fantasie kann sich nur dort entwickeln, wo die Kinder keine Angst davor haben, etwas „Falsches" zu sagen.

Meist schon beim zweiten Treffen kommt es zu „Machtkämpfen" zwischen den Kindern und zwischen Leiter und Kindern. Die Kinder versuchen Grenzen auszutesten und sich gegenüber den anderen hervorzuheben. Einige müssen zeigen, wie „cool“ sie sind. Spiele mit klaren Vorgaben bieten einen Rahmen, um „Machtkämpfe“ auszutragen. Improvisationsübungen und Ausprobieren unterschiedlicher Rollen bieten spielerischen Freiraum, Anerkennung zu bekommen.

- Achten Sie auf klare Regeln. Bleiben Sie flexibel, ohne sich das Konzept aus der Hand nehmen zu lassen. Achten Sie darauf, dass kein Kind verletzt wird und jedes zu seinem Recht kommt.

Wurde diese Phase gut überstanden, entsteht ein Zusammengehörigkeitsgefühl und das Bewusstsein auf eine gemeinsame Sache hinzuarbeiten. Die Kinder beginnen sich wohl zu fühlen, werden mutiger und trauen sich, Neues auszuprobieren.

- Geben Sie Gelegenheit mit Ausdrucksmöglichkeiten zu experimentieren, in unterschiedliche Rollen zu schlüpfen und eigene Ideen einbringen zu dürfen.

Zunehmend akzeptieren sich die Kinder gegenseitig. Die Stärken sind bekannt und werden herausgefordert. In dieser Zeit ist effektives Arbeiten möglich. Die Anstrengungen für ein Theaterprojekt werden gemeinsam getragen.

- Die Ansprüche an die Ausdrucks- und Darstellungsfähigkeit können steigen.

Ein vorläufiger Abschluss, eventuell auch der Gruppe, erreicht in einer Aufführung seinen Höhepunkt. Nach erfolgreicher Premiere wächst der Stolz auf das Erreichte.

- Möglicherweise löst sich die Gruppe mit einem Abschlussfest auf. Eventuell wird pausiert, um Kraft für ein neues Projekt zu schöpfen.

„Spielregeln“

Für das gute Miteinander und eine konstruktive Zusammenarbeit verständigen sich Spielleiter und Gruppe über „Spielregeln“. Die wichtigsten Gesprächsregeln sind erweitert durch Grundsätze in Bezug auf das Theaterspielen.

- Es spricht immer nur ein Kind.
- Lass andere ausreden.
- Sage „ich“ und nicht „man“.
- Sprich das Kind, das du meinst, direkt an.
- Wenn dir etwas gefällt, dann sag es.

- Beleidige oder verletzte niemand mit deiner Kritik.
- Formuliere Kritik als Anregung.
- Wenn etwas vorgeführt wird, schau aufmerksam zu.
- Es darf viel gelacht werden, aber keiner wird ausgelacht!

Die Gruppengröße

Die ideale Gruppengröße liegt zwischen 8 und 16 Kindern. Darunter sind es für viele Übungen und Spiele zu wenig Aktive. Darüber wird es für alle Beteiligten unübersichtlich. Wartezeiten ziehen sich in die Länge und Vorführungen von kleinen Szenen dauern ewig.
Eine gerade Anzahl ist für die Einteilung bei Partnerspielen günstiger. Nur im Notfall sollte der Leiter regelmäßig mitspielen, damit keiner übrig bleibt. Die Gefahr, dass bei einer ungeraden Zahl immer die gleichen Kinder übrig bleiben, wird durch Zufallseinteilungen vermieden.

Die „Schüchternen" und die „Spielfreudigen"

Das Wesentliche im Umgang mit den Kindern ist Einfühlungsvermögen und sie ernst zu nehmen. Jede Persönlichkeit möchte vom Spielleiter beachtet werden und sich entfalten können. Es braucht oft eine gehörige Portion Geduld, dies mit dem Ziel, z. B. einer Aufführung, zu vereinbaren.

„Schüchterne"
Diesen Kindern eine große Rolle zu geben, kann sie überfordern oder herausfordern. Grundsätzlich gilt: Nicht überfordern und in kleinen Schritten zu einem selbstbewussten Auftreten führen. Viel Mut machen, gezielt und berechtigt loben. Spielpartner mit Bedacht auswählen. Keinen zur Seite geben, der einen Schüchternen „in den Boden spielt". Hilfreich ist ein Partner mit ansteckenden Ideen.
Schüchterne im Rahmen einer Aufführung nicht mit „unwichtigen" Aufgaben betrauen, sondern aufgrund von Beobachtungen ihre Stärke erkennen und diese gezielt einsetzen.
Die Mitarbeit in Theaterformen, bei denen die Kinder mehr oder weniger unsichtbar bleiben, fördert den Mut, auf der Bühne aufzutreten.

„Ich will..."
Diese Kinder bringen Schwung in die Gruppe. Sie sind meist die ersten die etwas spielen oder vorführen möchten. Die Gefahr ist, dass ruhigere Kinder dabei übersehen werden. Wichtig ist: Die lebendigen Kinder sanft zurück-

nehmen und bewusst diejenigen auswählen, die sich nicht gleich melden. „Zufallsüberlegungen“ für einen Anfangsspieler verhindern, dass sich diese Kinder zurückgesetzt fühlen. („Anfangsspieler ist, wer die meisten Haustiere hat“). Manchmal hilft nur ein deutliches Wort, dass das Kind jetzt nicht an der Reihe ist und warten darf.

Der „Star“

Auf keinen Fall ignorieren! Er wird dann erst recht aktiv, um die Aufmerksamkeit auf sich zu ziehen. Ihm muss deutlich gemacht werden, dass Theaterspielen ein Gemeinschaftswerk ist und jeder darin wichtig ist. Werden die „Starallüren“ nicht besser, kann ein Gespräch „unter vier Augen“ hilfreich sein.

„Das wird sowieso nichts!“

Kritiker gibt es überall. In Kindergruppen kommen sie eher selten vor. Erwähnen Sie die Erfolge und geben Sie ihnen die Aufgabe, bewusst nur positive Rückmeldungen geben zu dürfen.

„Aufdreher“

Damit sind die Kinder gemeint, die Schwierigkeiten haben, aus der Rolle oder dem „Schauspielern“ wieder herauszukommen. Sie steigern sich immer weiter hinein, bringen Unruhe in die Gruppe und behindern die konstruktive Arbeit.

Fast jedes Kind kann zum „Aufdreher“ werden. Vor allem, wenn es durch Erlebnisse vor dem Treffen schon „aufgedreht“ kommt. Daher mit Bedacht Übungen in der Aufwärmphase einplanen, die ein begrenztes und nach Regeln festgelegtes Austoben ermöglichen und zur Ruhe führen. Übertriebene und extreme Rollen im Spiel vermeiden. Den Moment aus der Rolle auszusteigen, ganz klar und deutlich gestalten, um die Ankunft in der Realität zu erleichtern. Die letzte Möglichkeit ist, dem Kind ein paar Minuten „Auszeit“ anzubieten, um anschließend wieder beruhigt in die Gruppe zurückzukommen.

Es geht los! Die Theatergruppe trifft sich

Jedes Treffen der Theatergruppe sollte einen eigenen Charakter haben und gut geplant sein. Die Spiele und Übungen sollen bei den Kindern die Lust am Theaterspielen wecken und die Ausdrucksfähigkeit schulen. Die Rahmenbedingungen sollen die Arbeit unterstützen.

Der Proben- oder Spielraum

Der Probenraum sollte, wenn möglich, sorgfältig ausgewählt werden. Es ist für die Konzentration ein großer Unterschied, ob ein kleiner enger, womöglich vollgestellter Raum zur Verfügung steht, oder ein riesiger, leerer Turnsaal. Beides ist nicht ideal. Im einen fehlt die Bewegungsfreiheit und im anderen kommen sich die Kinder verloren vor.

- Ein weitgehend leerer Raum bietet kaum Ablenkungen und fördert konzentriertes Arbeiten. Den freien Raum können die Kinder mit ihren Ideen füllen.
- Den Raum vorher nach möglichen Gefahrenquellen untersuchen und Gegenstände entfernen, die beschädigt werden könnten.
- Der Raum ist spielbereit gestaltet, z. B. die Tische sind zur Seite gerückt und ein Kreis mit Stühlen oder anderen Sitzgelegenheiten ist vorbereitet.

Die Beschaffenheit des Raumes ist bei der Auswahl der Übungen und Spiele mit zu berücksichtigen. Ideal ist ein Raum, in dem es möglich ist, eigene „Spuren“ zu hinterlassen. Ein Schrank für Verkleidungen und Requisiten, ein Spiegel zum Schminken, eine Pinwand für Nachrichten, Rollenverteilung, Szenenfolgen oder Ähnlichem.

Bewegungsfreiheit

Der Raum soll ausreichend Platz für Bewegung bieten. Die Kinder sollten mit ausgebreiteten Armen so stehen können, dass sie sich nicht gegenseitig behindern oder an Wände und Gegenstände stoßen.

Atmosphäre

Eine gute Beleuchtung trägt zu einer angenehmen Atmosphäre bei. In dunklen Räumen treten schnell Ermüdungserscheinungen auf. Leuchtstoffröhren geben ein sehr grelles Licht ab. Besser sind mehrere, im Raum verteilte Deckenfluter. Günstig ist es außerdem, wenn sich der Raum verdunkeln lässt.

Der Raum sollte angenehm temperiert sein. Zu hohe Raumtemperatur lassen alle rasch schläfrig werden. Ist der Raum zu kühl, friert man schnell bei Wartezeiten. Schauspieler tragen meist „Zwiebelkleidung“: leichtes T-Shirt, Pulli und Jacke übereinander. Das lässt sich schnell an- und ausziehen. Für die Kinder empfiehlt sich bequeme und unempfindliche Kleidung.

- Kinder sind meist weniger temperaturfühlig. Der Spielleiter sollte darauf achten, dass sich die Kinder nach einem hitzigen Spiel nicht durch Zugluft erkälten. Es wäre tragisch, wenn der Hauptdarsteller aus diesem Grund bei der Premiere ausfallen würde.
- Der Raum oder Teile davon können passend zum Thema gestaltet sein, um die Spannung zu erhöhen und die Kinder einzustimmen. Der Einstieg in die „Theaterwelt“ kann z. B. durch eine mit Tüchern verhängte Tür erfolgen.

Sitzgelegenheit

Ein weicher und warmer Bodenbelag ist ideal, um eine Zeitlang angenehm am Boden sitzen zu können. Er sollte rutschfest, z. B. für Fangspiele sein.

- Manche Teppichböden, vor allem in Funktionsräumen, sind sehr hart, und bei einem Sturz entstehen leicht Schürfwunden. Je nach Bodenbelag sollten die Kinder dicke rutschfeste Socken oder leichte Turnschuhe tragen.

Die Sitzgelegenheiten sollen nicht ermüden und immer wieder die Möglichkeit zum raschen Aufstehen bieten. Sie sollten in ausreichender Menge vorhanden und flexibel im Raum einsetzbar sein. Die Kinder sollen einerseits aufrecht darin sitzen, aber sich auch entspannen können. Stühle dürfen nicht zu hart sein und sollten der Größe der Kinder angepasst sein.

Sofas sind zwar bequem, aber höchstens als Kulisse einsetzbar. Die Gefahr besteht recht schnell, darin zu versinken und nicht mehr ins Spiel zu kommen.
Für Übungen im Liegen sind Decken erforderlich, weil es am Boden mit der Zeit kalt wird.

- Zum Sitzen am Boden eignen sich weiche Fußabstreifer, die im Teppichhandel oder Möbelhaus preiswert erhältlich sind, oder Kissen, die als Auflage bei Gartenstühlen dienen.

Die Bühne

Ein ausreichend großes Podest wird als Bühne verwendet. Wenn keine Bühne vorhanden ist, lässt sich ein Teil vom Raum mit einer „Bühnenschnur“, z. B. einer dicken Kordel, abgrenzen.

Materialfundus

Es lohnt sich, einen eigenen Fundus an Materialien anzulegen, mit dem sich die Theatertreffen gestalten lassen, so dass für die meisten Spiele alles parat ist. Gut aufbewahren und transportieren lässt sich das in einer Plastikbox mit Deckel. Empfehlenswert sind:

- Kleine, weiche Bälle in ausreichender Zahl
- 5 bis 8 große Tücher, z. B. einfarbige eingefärbte Bettlaken zum Verkleiden, Umhängen, Abtrennen, als Vorhang
- Rund 10 einfarbige Baumwolltücher zum Augen verbinden
- Spielfiguren, Karten um Einteilen von Gruppen
- Bühnenschnur, Seile
- Scheinwerfer und Stativ
- Klebeband
- Sicherheitsnadeln
- Papier und Stifte

Zeit und Dauer

Theaterproben sollen die Kinder nicht überanstrengen und von der Dauer nicht ermüden. 70 bis max. 90 min sind ausreichend. Die erste Aufmerksamkeitsspanne endet nach ca. 45 bis 50 min. Dann eine 5-Minuten-Pause einplanen, in der die Kinder etwas trinken und entspannen können. Sie sollten nicht gänzlich aus dem Thema heraus kommen. Anschließend ist es möglich, noch einmal etwa 30 Minuten weiterzuarbeiten.

- Ein pünktlicher Beginn und Schluss ist selbstverständlich. Kinder und Eltern können sich darauf einstellen und entsprechend planen.
- Verlässlichkeit ist wichtig. Lassen Sie Probentermine nicht ausfallen. Wenn der Spielleiter öfters etwas verschiebt oder absagt, wirkt sich das negativ auf die Zuverlässigkeit der Kinder aus, die dann ebenfalls unregelmäßig kommen.
- Die Kinder daran erinnern, dass sie zur Probe etwas zum Trinken mitbringen. Spielen macht durstig!
- Um Verletzungen bei aktiven Spielen zu vermeiden, Schmuck unbedingt vorher abgelegen.

Aufbau einer Proben- oder Spieleinheit

Eine Spieleinheit besteht aus Einstieg, Hauptteil und Abschluss. Sie sollten thematisch, inhaltlich und von den Anforderungen her im Zusammenhang stehen, sich ergänzen und aufeinander aufbauen.
Der Schwerpunkt eines Treffens kann sich richten nach:

- Ziel von diesem Treffen, z. B. Ideen für ein Stück zu sammeln,
- Dynamik in der Gruppe,
- Fähigkeiten, die bei den Kindern geschult und eingeübt werden sollen,
- Stand in der Erarbeitung von einem Theaterstück.

Anfang und Ende

Beides sollte für ein gutes Miteinander klar gestaltet sein. Es sollte Gelegenheit geben, über die momentane Stimmung und Erlebnisse reden zu dürfen, und Zeit sein für ein Spiel.
Ein schönes und verbindendes Moment ist ein Ritual.

Begrüßungsschlange
Die Kinder stehen im Kreis. Der Spielleiter beginnt rechtsherum, nacheinander jedem Kind die Hand zu schütteln. Sobald er bei einem Kind war, läuft dieses ebenfalls los und schüttelt dem rechten Nachbarn die Hand. Ist man beim letzten Kind angelangt, bleibt man daneben stehen und wartet bis alle vorbei gezogen sind und wieder ein Kreis entstanden ist.
Eine Variante ist, eine andere Begrüßungsform, z. B. aus verschiedenen Ländern, zu wählen.

Die Aufwärmphase – das „warming up“

„Die Erweiterung unseres Körper- und Selbstbewusstseins ist Grundlage dafür, uns körperlich auszudrücken, uns seelisch wohl zu fühlen und geistig schöpferisch zu entfalten.“ (Bartussek 1991, 12). Die Aufwärmphase dient dem Ankommen in der Gruppe, im Raum, im eigenen Körper und eventuell schon im Thema. Der Energie- und Bewegungsdrang der Kinder wird aufgenommen und in das gemeinsame Ziel, Theater zu spielen, eingebaut. Grundsätzliches Handwerkszeug für den Bühnenauftritt wird eingeübt und vertieft.
Die Aufwärmphase („Warming up“ – WUP = Einstieg) ist unerlässlich. Jede Probenarbeit, auch an einem festen Stück, beginnt damit. Es schafft eine angenehme Spielatmosphäre und die anschließende Theaterarbeit wird dadurch intensiver und ergiebiger. Die Kinder bekommen hier nötiges Rüstzeug vermittelt, das für einen gelungenen Auftritt wichtig ist:

- Präsenz und Aufmerksamkeit
- Beweglichkeit im Körper
- klare und deutliche Stimme
- Ausdruckskraft in der Darstellung

Das „Warming up“ kann inhaltlich mit dem Thema verknüpft sein oder dorthin führen. Das Grundthema erscheint in den einzelnen Übungen und wird immer deutlicher, bis hin zu den Improvisationen im Hauptteil.
Es beginnt mit Bewegung (Fangspiele, Kreisspiele, Gehen im Raum) und geht über in ruhigere und konzentriertere Übungen (Massage, abklopfen). Anschließend folgen Lockerungs- und Bewegungsübungen für den ganzen Körper, sowie Darstellungs- und Ausdrucksübungen.

- Die Aufwärmphase sollte kein lästiges Übel sein, bis man zum „Eigentlichen“, dem Theaterspielen kommt. Den Kindern kann erklärt werden, dass ähnlich wie im Sport die Muskeln angewärmt werden müssen. Hilfreich ist es, wenn die Aufwärmübungen inhaltlich einen Bezug zum Thema haben und die Kinder mit der Zeit spüren, dass ihre Schauspielkünste sich dadurch verbessern.

Überlegungen zur Auswahl der Übungen

Folgende Aspekte beeinflussen die Auswahl:

- Die Kinder sollen im Raum, in der Gruppe und im Thema ankommen. Sie sollen abschalten von dem, was sie zuletzt erlebt haben, und es gleichzeitig mit einbringen dürfen.
  Bei einem ersten Treffen wird der Spielraum „erkundet“ und die Namen der Gruppenmitglieder werden spielerisch bekannt.
- Die Kinder sollen sich entspannen dürfen, wohl fühlen und zur Ruhe kommen. Das fördert die Aufnahmebereitschaft und das bewusste Sich Einlassen auf die Mitspieler und das Thema, sowie die Reaktionsfähigkeit.
  Übungen an dieser Stelle sind eine spielerische Einstimmung und Sensibilisierung für das Thema. Konzentrationsübungen sprechen bewusst einzelne Sinne an, um diese zu schärfen.
- Die anschließenden Lockerungsübungen dienen dazu, Spielspaß und -bereitschaft zu entwickeln. Die Kinder sollen ihre gesamte körperliche und sprachliche Bewegungs- und Ausdrucksfähigkeit spüren und einsetzen können. Einfache spielerische Improvisationen verringern die Scheu, sich vor der ganzen Gruppe zu präsentieren.
- Ein wichtiger Part sind Übungen zur Schulung der körperlichen Ausdrucksfähigkeit.
  Der Körper soll als Ausdrucksmittel für eine Idee oder Vorstellung erfahren werden.

Allgemeines zur Zusammenstellung von Übungen
Die einzelnen Übungen können einen oder mehrere der genannten Bereiche ansprechen. Es gibt immer fließende Übergänge. Grundsätzlich ist die Auswahl abhängig vom Stand der Gruppe.

- Je nach Intensität und Art der Übung bieten sich drei bis vier Übungen bis zu 20 min an.
- Es kann für die Kinder motivierend sein, wenn Sie als Spielleiter in eine Rolle schlüpfen, aus der heraus Sie die Übungen anleiten (Zauberer, Zirkusdirektor ...) oder den Ablauf in eine Geschichte packen („Fliegender Teppich, Gullivers Reisen ...).
- Vor allem bei ungeübten und neu zusammenkommenden Gruppen sollten diese Übungen:
  - einfache und einprägsame Regeln haben und niemand über- oder unterfordern,
  - alle Spieler einbeziehen, die alle das Gleiche gleichzeitig oder nacheinander machen,
  - durch den Spaß am Spielen Ungeschicklichkeiten und Fehler vergessen lassen,
  - die Angst vor der Blamage wegnehmen.
- Die zusammengestellten Übungen sollten möglichst alle menschlichen Bereiche gleichmäßig ansprechen: Körper (oder Teile davon) – Denken – Sprache – Ruhe – Aktion.

Theater als Spielform und/oder Szenenarbeit

An die Aufwärmphase schließt sich der Hauptteil, in dem das Theaterspiel entweder als Spielform oder als Szenenarbeit an einem Stück praktiziert wird. Abhängig vom Ziel wird sich die Gruppe entweder treffen, um mit der puren Freude am Theaterspielen verschiedene Formen auszuprobieren und mit dieser Welt vertraut zu werden. Oder es steht eine Aufführung an, dann wird an den einzelnen Szenen geplant und geprobt.

Abschluss und Ausblick

Die Zeit für einen gemeinsamen Abschluss sollte immer vorhanden sein. Eventuell sind noch Ansagen zu machen, gemeinsam aufzuräumen, sich über das Erlebte auszutauschen, Komplimente und Lob zu verteilen und einen Ausblick auf das nächste Treffen zu geben.
Ganz am Ende kann man eine „Rakete“ steigen lassen oder einen „tobenden Applaus“ loslassen.

Rakete

Die Kinder stehen im Kreis und machen alles gleichzeitig mit. Die Bewegungen gehen über 4 Stufen, die sich im Tempo steigern. Die Bewegungen werden von einem immer lauter werdenden Brummen begleitet und am Ende steigt die Rakete in die Luft.

1. Stufe: Klatschen auf die Oberschenkel
2. Stufe: Trampeln mit den Füßen
3. Stufe: Brummen wie eine Maschine
4. Stufe: Laut trampeln, Arme hoch werfen und laut rufen.

Tobender Applaus

Die Kinder stehen im Kreis und alle machen gleichzeitig die Bewegungen. Erst mit einem Finger, dann mit zwei, drei, vier, dann mit allen Fingern in die Hand „klatschen". Zum Schluss kommt noch donnernder Applaus mit den Füßen dazu.

Was noch zum Gelingen der Proben und zu einer guten Stimmung in der Theatergruppe beiträgt

- Zur Anerkennung einer Leistung darf es Applaus am Ende einer (noch so kurzen) Vorführung und mitten in einer gelungenen Szene geben.
- Die Kinder haben selber ein gutes Gespür dafür, was gut gelungen ist und welche Anregungen nötig sind. Letzteres sollte man immer als Verbesserungsvorschlag formulieren und nicht als Kritik.
- Es empfiehlt sich, vor den Vorführungen von einzelnen Szenen die Reihenfolge festzulegen. So weiß jeder, wann er dran ist.

Die pure Lust am Spielen – Theater als Spielform

Theater-Spiel ist zunächst ein Spiel und muss nicht von vorneherein als Ziel eine Aufführung haben. Es ist eine freie Spielform, die Szenen durch einen Impuls aus dem Augenblick heraus improvisiert. Sie mobilisiert bei den Beteiligten schöpferische Kräfte. Die Kinder sind die Gestalter einer Handlung.
Statuenarbeit unterstützt das „Denken in Bildern". Improvisationen fördern wunderbar die Spielfreude und wecken die Kreativität. Das Spiel mit der Rolle erweitert die Fähigkeit zur Verwandlung. Der spielerische Umgang mit der Sprache fördert die sprachliche Gewandtheit.

Statuenarbeit

Eine Statue ist ein Standbild mit einem Ausdruck. Es kann eine eingefrorene Bewegung sein oder bewusst geformt werden. Statuenarbeit fördert Ausdrucksfähigkeit, in dem die Darstellung klarer und exakter wird. Es unterstützt das Denken in Bildern und lenkt den Fokus auf Einzelheiten, bevor es in das Zusammenspiel von Körper, Sprache und Bewegung geht.

Der „Bildhauer" trägt immer Verantwortung für sein wertvolles Material. Er fasst es ganz vorsichtig an und rückt es in die gewünschte Form. Das Material friert in der Stellung ein. Das Gesicht sanft in die rechte Mimik bringen. Wenn die Arbeit im Gesicht unangenehm ist, darf der Bildhauer die gewünschte Mimik vormachen.
Darauf achten, dass es ein Gestalten ist und kein Vormachen und Nachmachen.
So wachsen das Vertrauen und das Gefühl für machbare Bewegungen. Mit der Zeit immer mehr darauf achten, dass der Ausdruck im Detail klarer dargestellt wird. Wo gibt es eine Anspannung? Wo drückt sich ein Gefühl im Körper aus?

Statuenbild

Die Kinder stehen locker und entspannt, haben eine Armlänge Platz um sich herum und schließen die Augen. Der Spielleiter nennt einen Begriff. Ohne viel Nachdenken fallen die Kinder dazu in eine Pose. Sind alle fertig, dürfen die Augen geöffnet werden und jeder stellt seine Statue vor.
Bei diesem Spiel kommen zu einem Begriff unterschiedliche Assoziationen zusammen, die sich später eventuell in eine Spielszene einbauen lassen.

Wechselstandbild

Die Kinder bilden Dreiergruppen und vereinbaren untereinander eine Reihenfolge. Nummer 1 gibt eine Pose, ein Standbild vor. Kind Nummer 2 stellt sich entsprechend dazu und friert ein. Nummer 1 tritt wieder heraus und Nummer drei stellt sich zur Vorgabe von Nummer 2. Dann geht Nummer zwei und das erste Kind reagiert wieder mit einem Standbild auf Nummer 3 usw. Nach einer Weile wird die Reihenfolge umgedreht, damit sich neue Kombinationen begegnen.
Gut ist, das vorherige Standbild erst in Ruhe zu betrachten, bis ein Kind sich daraus löst und das nächste eintritt. Die Reaktion sollte spontan bleiben, ohne allzu lange nachzudenken.
Die Übung bringt Ruhe und Konzentration. Ein thematisches Ausgangsbild kann Assoziationen freisetzen zu einem bestimmten Thema: Beispiel: „Abschied“, „Begegnung“, „Zauberei“...

Statuen raten

Ein Kind ist „Bildhauer“, das andere formbares „Material“. Vorsichtig formt der bildende Künstler eine Statue zu einer Idee. Wenn er fertig ist, darf das Standbild raten, was es darstellt.
Das Spiel wird erweitert, in dem ein Kind als „Bildhauer“ die ganze Gruppe als Material zur Verfügung hat und damit eine Szene stellen darf.

Die Galerie

Wieder gibt es „Bildhauer“ und „Material“. Diesmal ist ein Thema vorgegeben, zu dem die Künstler ein Standbild gestalten. Die Statuen werden ausgestellt (Podest und/ oder Tuch, auf dem es steht) und bei einem Rundgang bewundert.

Improvisationen

Improvisieren ist die Kunst, ohne große Vorbereitung, sozusagen aus dem Stegreif eine Szene zu spielen. Der Text wird im Moment des Spieles erfunden. Die Handlung kann in groben Zügen festgelegt sein oder sich im Spiel entwickeln. Ungewollte Situationskomik und ein überraschendes Ende sind gewollt. Das spontane Spiel lässt viel Raum für eigene Ideen. Es ist alles möglich und erlaubt. Es wird nichts oder wenig vorbereitet, weil keine besonderen Requisiten oder Kulissen benötigt werden. Eine improvisierte Szene ist nicht in der gleichen Form wiederholbar.

- Improvisationen werden zunächst nur in der eigenen Gruppe vorgeführt. Sie können „verfeinert" einem weiteren Zuschauerkreis präsentiert werden.
- Improvisationen sind eine gute spielerische Grundlage für das Spiel auf der Bühne und die spätere Arbeit an einem Textspiel. Wichtige Bühnenregeln lassen sich daran verdeutlichen und einüben. Ein Einblick in Dramaturgie und dramatisches Gestalten passiert nebenbei. Die Kinder üben sich im Zusammenspiel und im Aufeinander Eingehen.

Tipps, die zum Gelingen einer Improvisation beitragen

- „Mehr spielen und weniger denken!"
  Regen Sie die Kinder an, eine Szene im Spiel zu „erfinden" und nicht nur verkopft zu planen. Der schöpferische Prozess kann auf der Suche nach der absolut grandiosen Idee ins Stocken geraten.
- „Ja-sagen" zu jeder Idee
  Jeder Vorschlag wird angenommen, geprüft und nicht gleich verworfen. Das gilt für die Vorbereitung einer Szene und für das Spiel auf der Bühne.

Die geplante Szene kann durch Erzählen und gezielte Fragen ausgeschmückt werden, was die Vorstellungskraft für das Spiel erweitert. Wer bist du? Wie verhältst du dich in dieser Situation? Wo befindest du dich? Wie sieht es dort aus?

„Ja und dann ..."

Ein Spiel zu zweit, in Kleingruppen oder mit allen. Einer beginnt mit einem Satz eine Erzählung. Der nächste fährt fort mit dem Satzanfang „Ja und dann ..." und fügt seine Fortsetzung durch einen Satz hinzu.
Beispiel:
1. Kind: „Gestern war ich in der Stadt"
2. Kind: „Dann hast du mich getroffen und wir sind ins Kino gegangen."
3. Kind: „Ja und dann kam dieser Verkäufer mit den roten Mützen auf uns zu." Und so weiter!

Annehmen und Ablehnen

1. Version: Zwei Kinder improvisieren eine einfache Szene. Einer der beiden Spieler reagiert auf die Sätze des anderen immer mit einer Ablehnung.
2. Version: Die Kinder beginnen das Spiel wie vorher. Doch dieses Mal reagieren beide so, dass sie die Idee des anderen annehmen und weiterführen. Nach dem Spiel sollen die Kinder den Unterschied beschreiben und nennen, welche Szene leichter gefallen ist.

Diese Übung wird in beiden Versionen gespielt. So lässt sich durch das eigene Erleben gut nachvollziehen, welche Wirkung das Ablehnen oder Annehmen von Vorschlägen hat. Die Ablehnung wird mit der Zeit langweilig und das Spiel verläuft „im Sand". Zum gemeinsamen Spiel kommt es, wenn die Idee des Partners angenommen wird.

Anfang, Mittelteil und Schluss

Eine Szene hat einen Anfang, ein Mittelteil und einen Schluss. Von der Ausgangssituation aus wird der Ablauf in groben Zügen festgelegt. Die Szene steuert einem Höhepunkt zu, an dem etwas Besonderes passiert und endet kurz darauf. Der Punkt, auf den die Geschichte hinsteuern soll, wird vorher festgelegt, um ihn auch zu erreichen.

Kinder sind manchmal in einer solchen Spiel- und Improvisierlaune, dass sie kein Ende finden. Der Spielleiter erinnert die Kinder, dass sie zu einem Ende kommen sollen oder bietet einen Impuls an, mit dem ein Abschluss möglich ist. Beispiel: Eine Glocke läutet und die Unterrichtsstunde ist beendet.

Anregungen für Improvisationen

Aus dem Nichts heraus zu improvisieren ist so gut wie unmöglich. Ein Impuls gibt der Gruppe eine Grundlage. Die folgenden Ideen können einzeln verwendet oder miteinander kombiniert werden. Einige Anregungen können mit einem Thema verbunden werden, um eine Idee für ein selbst erarbeitetes Stück zu finden. Die folgenden Spiele benötigen keine große Vorbereitung. Die Gruppe kann sofort in die Szene einsteigen.

Verrückte Party

Wir sind alle Gäste auf einer Party. Gastgeber ist der Spielleiter. Jedes Kind hat einen Zettel gezogen mit einer knappen Beschreibung seiner Rolle und einem „Spleen". Nach kurzer Überlegungszeit beginnt das Fest. Der Spielleiter begrüßt die Ankommenden und hilft beim Knüpfen von Kontakten. Mit Getränken und Knabbereien lässt sich das Ambiente realer gestalten. Die Kinder treten in ihrer Rolle miteinander in Kontakt und sollen im Gespräch möglichst viel über die anderen erfahren. Je nach Größe der Gruppe endet die „Party" nach etwa 15 Minuten. Anschließend folgt die Auflösung und jeder berichtet, was er über den anderen herausgefunden hat.
Beispiel: Du bist das Filmsternchen Susi Sauermilch und klimperst immer mit den Augen.

Geräuschkulisse

Die Gruppe ist geteilt. Ein Teil überlegt sich einen Ort und die dort vorkommenden Geräusche. Sie setzen sich an den hinteren Bühnenrand und geben die dem Ort entsprechende Geräuschkulisse vor. Der andere Teil der Gruppe hört sich kurz ein und beginnt dann mit einem zu dieser Klangvorlage passendem Spiel.
Beispiel: Die erste Gruppe gibt die Geräuschkulisse eines Bahnsteiges vor. Die zweite spielt daraufhin Ankommens- und Abschiedsszenen. Aus dem Lautsprecher kommt die Ansage einer Verspätung. Ein Fahrgast reagiert darauf ...

Situation

Ein Kind hat eine Idee für eine Szene. Es geht auf die Bühne und beginnt diese zu spielen. Es sollte eine möglichst klare und nicht zu komplizierte Situation sein, z. B. Streit auf dem Schulhof. Das Kind, das in dieses Spiel „einsteigen" möchte, klatscht an der entsprechenden Stelle in die Hände. Damit „frieren" die Spieler auf der Bühne ein. Die neue Person steigt in das Spiel ein, alles wird lebendig und es geht bis zum nächsten Stopp weiter.

Kinder die dazu kommen, ergänzen, erweitern oder verändern die Szene. Die Spieler auf der Bühne, reagieren darauf, indem sie den Einfall annehmen und in das Spiel integrieren.

Übungen mit Vorbereitungszeit

Die kommenden Anregungen benötigen eine Vorbereitungszeit von etwa 5 bis 10 Minuten. Die Kleingruppen sollten aus maximal vier Kindern bestehen.

Stichworte

Die Kleingruppe bekommt als Impuls je ein Stichwort zu den Rubriken „Ort“, „Person“, „Zeitpunkt“, „Gegenstand“. Je ungewöhnlicher und weniger zusammenpassend, umso spannender wird die Lösung sein. Die Vorgaben kann der Spielleiter vorbereiten oder jede Kleingruppe notiert auf einem Zettel ein Stichwort. Die Zettel werden eingesammelt und neu gemischt wieder verteilt. Alle Stichwörter müssen in der Szene vorkommen.
Beispiel:
Ort: Tiefgarage
Zeitpunkt: drei Minuten vor 10 Uhr an Ostern 2020
Person: Zwerg
Gegenstand: Kuckucksuhr

Eine Überschrift

Eine Schlagzeile aus der Zeitung ist der Titel für die improvisierte Szene. Die Kinder überlegen, was da wohl passiert sein könnte und wer daran beteiligt war.

Postkarten Alter und Neuer Meister

Es lohnt, sich eine Sammlung von Postkarten zuzulegen, die Menschen unterschiedlichen Alters in verschiedenen Situationen zeigen. Jede Gruppe sucht sich ein Foto aus. Das Bild kann Ausgangspunkt, Mittelteil oder Abschluss einer Szene sein.
Bei einer Ausgangsidee wird das Bild zunächst originalgetreu in den Positionen der dargestellten Personen nachgestellt. Die Figuren werden lebendig und das Spiel beginnt.
Zeigt das Foto einen Ausschnitt mitten in der Szene, ist die Frage, was davor und danach passiert.

Das Bild auf der Karte kann die Endszene zeigen und die Kinder überlegen, wie es dazu gekommen ist.
Fotos aus Tageszeitungen und Illustrierten sind verwendbar, wenn sie keine Bilder von bekannten Persönlichkeiten zeigen. Das schränkt die Fantasie ein.

Gegenstand im Mittelpunkt
Die Gruppe bekommt einen Gegenstand, der im Mittelpunkt der zu erfindenden Szene stehen soll. Spannend ist es, wenn mehrere Gruppen das gleiche Objekt bekommen. Obwohl der Ausgangsimpuls der gleiche ist, entstehen sehr unterschiedliche Szenen.
Beispiel: Ein Telefon kann zum einen in einer Telefonzentrale mit unmöglichen Anrufern stehen und wird am Ende zerstört. Es kann in einer Morddrohung eine Rolle spielen oder bei der Übertragung einer Liebeserklärung. Die Kinder telefonieren stundenlang und die Eltern regen sich darüber auf ...

Spielschachtel
Jede Gruppe erhält eine bunt gestaltete Schachtel, die drei sehr unterschiedliche Gegenstände enthält, sowie eine Angabe über einen Ort und einen Zeitpunkt. Diese Vorgaben sollen in die Szene eingebaut werden. An Stelle von Schachteln können kleinere Koffer verwendet werden, die immer wieder neu gefüllt werden. Der Spielleiter kann den Inhalt vorbereiten oder eine Gruppe bereitet diese für die andere vor.

Der gleiche Ort
Allen Kleingruppen ist der gleiche Ort vorgegeben. Die Kinder überlegen sich, was für Personen sich dort treffen könnten und improvisieren diese Begegnung.
Interessante Orte können sein ein Aufzug, eine Parkbank, eine Straßenlaterne, ein Brunnen, eine Bushaltestelle ...
Der Ort wird mit einfachen Mitteln auf der Bühne aufgebaut. Die Straßenlaterne kann ein Deckenfluter sein. Die Parkbank wird aus vier, mit einem Tuch abgedeckten Stühlen dargestellt.

Typen und Charaktere
Außergewöhnliche und interessante Figuren und Charaktere begegnen sich. Die unterschiedlichen Typen sind vorgegeben. Die Gruppe überlegt sich, was passiert, wenn diese aufeinandertreffen? Welche Gemeinsamkeiten haben sie? Wie gehen sie aufeinander zu? Welche Beziehung haben sie zueinander?

Die Figuren können durch das Spiel mit der Rolle entstanden sein (siehe *Das Spiel mit der Rolle*, Seite 36ff.) oder aber der Spielleiter bereitet Rollenbeschreibungen vor. Die Charakteristik darf detailliert und mit ungewöhnlichen Angaben ausgeschmückt sein und sollte noch Platz für eigene Fantasie und Ergänzungen lassen. Die Angaben sollten dem Alter und dem Erfahrungsbereich der Kinder entsprechen.
Die Kleingruppen entstehen durch Auslosung oder durch die Überlegung, wer mit wem in einer Szene zusammenpassen könnte.
Beispiel für eine Rollenbeschreibung: „Du bist die Gräfin Charlotte von Katastrophien. Eine sehr vornehme Dame von 53 Jahren. Leider fehlt dir der Reichtum. Dein größtes Vergnügen ist es, einmal in der Woche mit deinen Freundinnen ins Café zu gehen und ein großes Stück Sahnetorte zu genießen."

Bei einer Auslosung kann es vorkommen, dass ein Kind oder eine Gruppe nicht zufrieden ist mit dem, was es gezogen hat. Eine gute Regel ist, dass noch einmal eine Wahl getroffen werden darf. Zwischen diesen beiden Möglichkeiten muss dann entschieden werden.

Musikimprovisation

Ein Musikstück wird mehrmals angehört. Anschließend äußert jeder dazu seine Assoziationen, die möglichst sofort in ein Spiel umgesetzt werden.

Werbung

Werbung ist ein wundervolles Thema, das zu verrückten Spielereien anregt. Nebenbei kann der unkritische Umgang mit Werbung und deren oft zwiespältigen Inhalten thematisiert werden. Die Kleingruppe „erfindet" ein neues Produkt. Es bekommt einen Namen und eine Anleitung, wozu es benötigt wird. Für die Vermarktung werden ein Slogan und ein Jingle benötigt. Zu guter Letzt entsteht ein TV-Werbespot.

Textvariationen

Je zwei Kinder wählen sich ein Paar aus, das in einer Beziehung zueinander steht (Vater – Sohn, Chef – Angestellter, Zwei Freundinnen, Polizist – Dieb ...). Jede Gruppe bekommt den gleichen Text, der aus wenigen klaren Sätzen besteht, damit er leicht zu lernen ist. Die Paare gestalten diesen Text aus der Sicht ihrer Rollen. Jede Szene wird anders, weil die Beziehung immer eine andere ist. Zwei Freundinnen gehen anders miteinander um als ein Lehrer mit seinem Schüler.

Beispiel für einen kurzen Text:
1. Guten Morgen
2. Guten Morgen
1. Wie ist das Wetter heute?
2. Es ist Regen angesagt.
1. Vergiss deinen Regenschirm nicht.
2. Danke für die Erinnerung
1. Bitte. Tschüss.
2. Tschüss.

„Vaters Kragenknopf"
Dieses Spiel bietet einen wunderbaren „Ausflug" in verschiedene Theatersparten von Musik über Film, Tanz und Menschentheater. Die Gruppe erhält einen kurzen Text, der aus höchstens drei bis fünf Sätzen besteht. Es darf kein weiterer Text hinzugefügt werden. Die Sätze dürfen umgestellt und mehrmals wiederholt werden. Die Sätze werden von verschiedenen Personen gesagt und bilden die Grundlage für eine Improvisation im Stil verschiedener Theatersparten. Mit den Kindern werden verschiedene Sparten und das Charakteristische daran gesammelt. Natürlich spielen hier Klischees und Vereinfachungen mit hinein. Das ist jedoch spannend!
Oper – viel schwerer und tragischer Gesang, Hauptdarsteller stirbt mehrmals singend
Operette – Liebesspiel mit Gesang und Tanz
Musical – Singen und tanzen, Tanzgruppen
Sciencefiction – irreal in der Zukunft
Heimatfilm – spielt in einer Hütte in den Bergen
Tragödie – eventuell griechisch mit viel Pose
Pantomime – alles ohne Worte
Krimi – ein Mörder, ein eifriger Polizist, ein Opfer ...
Grusical – spielt um Mitternacht im Schloss mit Vampir und Gespenster
Horrorfilm – hinter der nächsten Ecke lauert das Grauen
Seifenoper – kitschig, alles geht gut aus
Liebesgeschichte – sie lieben sich, aber die Eltern sind dagegen.

Textbeispiel:
1. Satz „Hast du Vaters Kragenknopf gesehen?"
2. Satz „Nein"
3. Satz „Dann stirb!"

Das Spiel mit der Rolle

„Spielen ist verwandeln, vollzogen in der Sicherheit der Wiederkehr. Das Verwandeln gleicht dem schöpferischen Akt." Constantin v. Barloewen (1984, 151)

Eine Rolle im Theater ist eine von einem Schauspieler auf der Bühne darzustellende Gestalt. Kinder schlüpfen von sich aus gerne in verschiedene Rollen. In einem Theaterstück sollen sie eine zeitlang in einer Rolle bleiben. Je mehr ein Spieler sich in seiner Rolle zu Hause fühlt, umso überzeugender wirkt er darin und kann aus diesem Charakter heraus z. B. bei unvorhergesehenen Ereignissen agieren. Je klarer die Rolle ist, umso leichter lässt sich der Text improvisieren. Jede Rolle bekommt eine Biografie und einen Charakter mit Umgangsformen, Bewegungen, einer sprachliche Ausdrucksweise, eine Stimme und einen „Tick".

Verwandlung durch typische Gegenstände und typische Sätze

- Das Spiel mit der Verwandlung fördert die Darstellungsfähigkeit.
- Das improvisierte Zusammenspiel verschiedener zufällig entstandener Rollen kann zu einem selbst erarbeiteten Stück führen. Typische Alltagsgegenstände führen zu unterschiedlichen Rollen: Handtaschen, Hüte, Haushaltsgegenstände, Spielzeug ...
- Es gibt eine Textvorlage. Die Rollen sind festgelegt und sollen nun gestaltet werden. Der Charakter lässt sich über typische Sätze aus der Textvorlage im spielerischen Ausprobieren finden.
- Ein Bilderbuch oder ein Märchen ist die Vorlage für eine Aufführung. Die darin vorkommenden Figuren werden über typische Gegenstände aus der Geschichte erspielt. Für das Märchen „Schneewittchen" könnten z. B. ein Apfel, Zwergenmützen, ein Spiegel bereitliegen.

Der Spielleiter möchte vor einer Rollenverteilung sehen, welche Fähigkeiten und Talente die Kinder haben und lässt sie in verschiedene Charaktere zu schlüpfen. Die Übung *Die vier Elemente* (siehe Seite 158 ff.) ist dazu gut geeignet.

Rollendistanz durch bewussten Ein- und Ausstieg
Wichtig ist, den Kindern zu vermitteln, dass sie nur eine Rolle spielen und das nicht selber sind! Manchmal kommen Kinder nur schwer aus der Rolle, weil ihnen diese zu gut gefällt und sie sich darin ausleben können. Ein bewusst gestalteter Ein- und Ausstieg aus den Rollen vermeidet dies.

Übertreibungen
Rollen leben davon, dass sie übertrieben und überzogen gestaltet sind. Dennoch sollten sie natürlich bleiben und nicht nur aus Klischees bestehen. Sie werden sonst mit der Zeit langweilig.

Auf dem Weg zu einer Rolle

Menschen beobachten und Beobachtungen vorspielen
Rollen, die nicht direkt im bewussten Erfahrungsbereich der Kinder liegen, können die Teilnehmer als „Hausaufgabe“ im Alltag beobachten.
Wie gehen, stehen und bewegen sich Menschen verschiedenen Alters? Was passiert in einer Menschenschlange, wenn sie vor der Kasse wartet oder auf einen Bus? Wie verhalten sich Menschen auf einem Sportplatz? Bei einem Fußballspiel? Wie verhalten sie sich im Bus, an der roten Ampel? An der Supermarktkasse?
In der nächsten Spieleinheit spielen die Kinder ihre Beobachtungen möglichst genau den anderen vor.

Mein rechter Platz ist frei
Das bekannte Kreisspiel wird so gespielt, dass sich die Kinder die genannte Person in einer bestimmten Rolle herbeiwünschen. Um vielfältige Darstellungsmöglichkeiten in einem Personenkreis zu bekommen, kann die Vorgabe begrenzt werden, dass z. B. nur Autofahrer dargestellt werden dürfen.

Die Verwandlung

Jede Rolle erhält ihre Geschichte und eine Biografie. Je älter die Kinder sind, umso intensiver ist es möglich mit ihnen die Verwandlung in eine andere Figur zu erarbeiten.

Spielerisch in eine Rolle schlüpfen

Diese Version ist vor allem bei jüngeren Kindern und beim Spiel mit Märchenfiguren gut anwendbar. Die Kinder stehen im Kreis und haben soviel Platz um sich, dass sie die Arme ausbreiten können, ohne an den Nachbarn anzustoßen.

Sie schließen die Augen und stellen sich vor, dass das Kleid ihrer Lieblingsfigur vor ihnen hängt. Sie dürfen es in ihrer Vorstellung vorsichtig befühlen und von allen Seiten betrachten. Sie dürfen das Kleid vom Bügel herunternehmen und sich anziehen. In dem Moment, in dem sie dieses Kleid anziehen, verwandeln sie sich in diese Person. Sie bewegen sich so wie diese Person, nehmen die dazu passende Haltung und den Gesichtsausdruck ein. Sie öffnen die Augen und gehen als diese Figur im Raum.

- Diese Übung ist geeignet, um zu Beginn der Vorstellung in die eigene Rolle zu schlüpfen und ebenso kann die Rolle danach wieder „auf den Bügel gehängt werden".

Eine Rolle über einen Gegenstand entdecken

Ausgangsimpuls für die Rolle ist ein Gegenstand. Seine Wahl sollte sich auf die Rollen beziehen, die entstehen sollen:

- Eine Auswahl von Hüten und Kopfbedeckungen ergeben sehr vielfältige Rollen. Eher jugendliche Kopfbedeckungen oder Modelle für ältere Menschen ergeben entsprechende Gestalten.
- Alltagsgegenstände und Haushaltsgeräte führen die Assoziationen zu Figuren des täglichen Lebens.
- Eine Spielzeugauswahl führt zu verschiedenen Kindercharakteren.

Die Gegenstände werden in der Mitte vom Spielerkreis ausgebreitet. Es empfiehlt, sich doppelt so viele als benötigt parat zu haben. Der Spielleiter führt nun die Kinder schrittweise zur Wahl eines passenden Gegenstandes. Die Kinder gehen zunächst herum und betrachten das Ausgelegte. Mit der Zeit sollen sie mit zwei Gegenständen (1. und 2. Wahl) „liebäugeln", mit denen sie sich spielerisch verwandeln möchten.

- Zwei Gegenstände werden deshalb gewählt, um bei einer Doppelung einen alternativen Wunsch zu haben. Gibt es mehrere Anwärter für das gleiche Objekt, werden die Kinder nach einer Lösung gefragt (vielleicht eine Runde „Schere – Stein – Papier"?). Jedes Kind soll den Gegenstand bekommen, mit dem es zufrieden ist.

Wenn jedes Kind bejaht, dass es seine Wahl getroffen hat, darf es sich zu dem Gegenstand der ersten Wahl hinstellen. Doppelungen werden im obigen Sinn geklärt. Die nicht mehr benötigten Objekte werden zur Seite geräumt. Das Spieltempo bleibt langsam, um die Vorstellungskraft weiter anzuregen und behutsam in die Rolle zu schlüpfen. Die Kinder nehmen nun ihr Teil in die Hand und betrachten es von allen Seiten. Sie dürfen ausprobieren, was sich damit machen lässt. Dazu gehört auch, den Gegenstand in unüblicher Weise zu benutzen. Die Kinder überlegen, wer einen solchen Gegenstand verwenden oder eine solche Kopfbedeckung tragen könnte. Mit dem Aufsetzen des Hutes und der Verwendung von dem Gegenstand verwandeln sie sich in diese Person.

Vertiefung der Rolle

Diese Phase, in der der Spielleiter Anregungen zur Vertiefung gibt, wird auf das Alter und die Theatererfahrung der Kinder zugeschnitten. Bei jüngeren Kindern empfiehlt sich eine kürzere Version zur Vertiefung. Sie können anfangs nicht so lange in einer Rolle bleiben.
Folgende Impulse sind hilfreich:

Bewegung
Wie geht diese Person durch den Raum: normal, schnell, langsam, schlendern ... Wie bewegt sie ihre Hände? Wo befinden sich die Hände? Kopfbewegung? Armhaltung? Welches Element (siehe Übung *Die vier Elemente*, Seite 158 ff.) passt zu dieser Person? Die Kinder sollen, auch wenn es ihnen schwer fällt, jedes für sich durch den Raum gehen, um mit der Konzentration bei der eigenen Figur zu bleiben. Später dürfen sie mit den Mitspielern Kontakt aufnehmen.

Die Biografie
Die Kinder nehmen in ihrer Rolle auf einem Stuhl Platz und schließen die Augen. Der Spielleiter stellt Fragen zur Biografie, zu denen jeder still eine Antwort suchen kann, aber nicht haben muss.

Wie alt bist du?
Wo wohnst du?
Bist du verheiratet?
Wie sieht deine Wohnung, dein Zimmer aus?
Welches Hobby hast du?
Hast du Kinder?
Was ist dein Lieblingsspruch / Lieblingswort?
Dein Lieblingsessen?
Dein Beruf?
Wie heißt du? usw.
Die Kinder öffnen wieder die Augen. Sie können anschließend ihre „Biografie" aufnotieren. Diese Steckbriefe werden aufgehängt und mit der Zeit ergänzt.

Spielen in der Rolle und mit den Rollen

Nachdem sich die Kinder nun bewusst in ihre Rolle hineinversetzt haben, beginnt das Spiel damit. Die Kinder gehen bewusst in ihrer Rolle durch den Raum. Der Spielleiter gibt Anregungen im Sinne von: Diese Person hat es sehr eilig, sie ist wütend, sie freut sich ...

Stimme

Die Kinder sprechen laut ihren Lieblingsspruch und versuchen damit eine Stimme zu ihrer Figur zu finden. Der Spielleiter animiert dazu, die Stimme vielfältig einzusetzen, laut und leise zu sprechen, zu flüstern, etc.

Einmal im Kreis gehen

Die Rollen stellen sich im Kreis vor. Jeder geht von seinem Platz aus eine Runde und sagt seinen Lieblingssatz. Am Ausgangsort wieder angelangt, ergänzt er mit allem Wissenswerten zur Biografie.

Rollen anfragen

Nach der Aufnahme von einem Gegenstand oder dem Aufsetzen des Hutes gehen die Kinder durch den Raum und überlegen sich Name, Alter, Beruf, Wohnort... Sie kommen dann im Kreis zusammen und legen ihre Gegenstände vor sich ab. Die Rolle wird nun verbal mit möglichst vielen Informationen vorgestellt: „Ich bin..." Der Spielleiter und die anderen Kinder stellen Fragen an die Figur. Jede Rolle sollte einen Namen und eine klare Eigenheit bekommen, um immer wieder leicht hineinschlüpfen zu können.

Begegnung von Kinderrollen

Die Rollen werden vertieft durch das Spiel und die Begegnung. Der Spielleiter gibt Anregungen vor, zu denen die Kinder spontan spielen.

- Drei Kinder , die nicht wissen, was sie spielen sollen.
- Drei Kinder die sich streiten, wer auf die Schaukel darf.
- Zwei Kinder, die sich lange nicht mehr gesehen haben.
- Fünf Kinder, die gemeinsam eine Reise mit dem Zug machen.
- Drei Kinder, die ungeduldig warten bis der Schulbus kommt.
- Zwei Kinder, die keine Zeit haben, weil sie Hausaufgaben machen müssen.
- Vier Kinder, die traurig sind, weil der Hund weggelaufen ist.

Begegnung an verschiedenen Orten

Mehrere Rollen improvisieren eine Begegnung an einem Ort, an dem es erforderlich ist, miteinander in Kontakt zu treten. Beispiele: Warteschlange an der Supermarktkasse, Wartezimmer beim Zahnarzt / Tierarzt, Aufzug bleibt stecken ...

Miteinander telefonieren

Die Kinder sitzen im Kreis und haben ein imaginäres Telefon vor sich. Der Spielleiter „wählt" eine Person aus dem Kreis an (zeigt mit dem Finger auf sie). Diese hebt ihr „Telefon" ab und geht auf das Gespräch ein. Beide können es nach Wunsch beenden. Die Angerufene setzt das Spiel fort. Auf diese Weise lassen sich weitere Dinge aus dem Leben der Personen erfragen.

Was passiert wenn ...? – Improvisationen
Drei maximal vier Kinder bilden eine Spielgruppe mit Rollen, die gut zusammen passen würden, und erfinden eine kurze Szene. Falls nötig, kann der Spielleiter weitere Impulse dazu geben: Ort (Rathaus, Badezimmer, Gartenhaus ...), Zeit (Mitternacht, Frühstück, 3 min vor Zugabfahrt ...)

Der Rollenausstieg

Ein bewusster Rollenausstieg ist wichtig, um sozusagen wieder auf den Boden der Tatsachen zu kommen und in die Realität zurückzukehren. Der Rollenausstieg kann ein Ritual werden, das jeder für sich vollzieht oder die Gruppe gemeinsam.

- Der Hut, der aufgesetzt wurde oder der Spielgegenstand wird bewusst abgenommen und in der Kreismitte oder an einem bestimmten Platz abgelegt.
- Mit einem Ton und/oder einer Bewegung wird die Rolle aus dem Körper „geschüttelt".
- Ein paar Minuten die Augen schließen und tief atmen. Wenn die Augen geöffnet werden, ist man wieder man selbst.

Spiel mit der Sprache und sprachlichem Ausdruck

Das Spiel mit der Sprache soll den Kindern ein Gefühl für eine angemessene Lautstärke, deutliche Aussprache, klaren Ausdruck und sinngerechte Artikulation vermitteln. Laut und deutlich zu sprechen ist für viele Kinder eine Herausforderung. In der Regel werden sie eher ermahnt, leise zu sein. Die Kinder sollen laut sprechen, ohne zu schreien. Das deutliche und verständliche Sprechen muss ohne Anstrengung funktionieren.

Das ausdrucksstarke und deutliche Sprechen wird mit lustigen Sprechübungen gefördert. Bei Sprachspielen und Sprachübungen stehen die Kinder möglichst in lockerer Anspannung im Kreis. Zuvor empfiehlt sich eine *Wettermassage* (siehe Seite 156) oder *Abklopfen* (siehe Seite 145).

- Die Kinder werden von Anfang an angehalten, hörbar und deutlich zu sprechen und Silben nicht zu verschlucken. Hilfreich ist es, dem Kind, das gut gesprochen hat, gleich eine positive Rückmeldung zu geben. Es fühlt sich bestärkt und erkennt, wie es richtig gemeint ist.

Worte weitergeben
Der Spielleiter sagt zu dem neben ihm im Kreis stehenden Kind ein Wort, das dieses wiederum an seinen Nachbar weitergibt. Parallel dazu wird ein Wort zur anderen Seite weitergegeben. Mit der Zeit steigert man die Zahl der Worte, die gleichzeitig im Kreis laufen. Die Worte werden deutlich gesprochen und betont. Es sollen Begriffe sein, die unterschiedliche Vokale und Konsonanten hervorheben.
Beispiel: Katze (harte, kurze Aussprache) – Hund (weich und lang gezogen)

Geheimsprache
Der Spielleiter stellt in lautmalerischer Fantasiesprache eine Frage an das Kind im Kreis neben ihm. Dieses antwortet ebenfalls in Fantasiesprache. In die Art und Weise der Aussprache wird die Bedeutung gelegt. Die Worte sollten aus einer Mischung von Explosivlauten (k, p, t) und Vokalen (a, e, i, o, u) bestehen.
Beispiel: „Malumba oisitu sono?" „Erweini Katangasamba insaltu lolobindra. Babalu."
Alles verstanden?

„Blau"
Jedes Kinderpaar einigt sich auf einen „neutralen" Begriff, mit dem eine „Unterhaltung" geführt wird. Die spezielle Aussprache gibt dem Wort einen Inhalt und eine Bedeutung.
Worte wie „ja" oder „nein" sollten vermieden werden, weil sie nicht neutral sind.
Beispiel „Blau": „Blaublaublau!" – „Blau?????" – „Blau!" – „blau,blau,blau." – „Blaublau!" – „blau." Alles klar?

Nachsprechen
Eine gute Übung ist das Vor- und gemeinsame Nachsprechen von Gedichten. Vielfältige Auswahl findet sich u. a. bei James Krüss, Christian Morgenstern, Heinz Erhardt, Wilhelm Busch, Josef Guggenmos, Kurt Schwitters und bei Johann Wolfgang Goethe. Mein persönliches Lieblingsgedicht:

Das Drachenabeceh

Akumander
Blomotram
Claculac
Und Daschitil
Fraßen oft und fraßen viel,
Echogröl
Und Famofax
Lutschten gern auch Bienenwachs.
Gnoloton, Hydraulolux
Sind die zwei mit Riesenwuchs.
Imprimil
Und Jodelschodel,
Knasor
Und auch Lummerlatt
Wurden montags selten satt,
Muckschluck,
Nasch und Oxoho.
Hatten einen grünen Po.
Plumulum
Quülliwam
Plantschten sonntags gern im Schlamm.
Rätscheltätschel
Und Schulu
Schauten dabei lieber zu.
Töckmöck,
Umpf und Valotrom,
Wammelwusch
Und Xacholon
Gaben von sich manchen Ton.
Ysoprül
Und Zammelzot
Stellten sich auch gerne tot.

Dieter Brembs

Zungenbrecher
Zungenbrecher lockern den Mund und die Atmosphäre. Die Auswahl ist groß und jeder kennt bestimmt einen. Die Kinder können selbst Zungenbrecher erfinden.
Beispiel: „In Ulm und um Ulm und um Ulm herum"

Unterhaltung mit Pausen
Kinder reden manchmal durcheinander oder sprechen so rasch, dass der Inhalt nicht mehr verstanden wird. Diese Übung führt dazu, bewusst langsam zu sprechen und aufeinander zu hören. Zwei Kinder führen eine Unterhaltung zu einem selbst gewählten Thema. Jeder Satz wird übertrieben langsam und deutlich gesprochen und danach wird eine kurze Pause eingelegt.

Bitte zum Diktat!
Hierfür sollten gute Lese- und Schreibkenntnisse vorhanden sein. Die Kinder bilden Paare. Ein Kind (Chef) diktiert dem anderen (Mitarbeiter) einen Text. Die Chefs befinden sich auf der einen Raumseite, die Mitarbeiter sitzen mit Stift und Papier auf der anderen Raumseite. Alle Chefs diktieren gleichzeitig einen vom Spielleiter vorbereiteten Text aus etwa 5 Sätzen. Die Texte sollen unterschiedlich, aber gleich schwer sein. Es kommt auf möglichst fehlerfreie Übertragung an. Anschließend wird getauscht. Deutliches Sprechen führt hier zum Erfolg.

Schimpfen und streicheln
Die Kinder bilden zwei Gruppen oder gehen paarweise zusammen. Die Gruppe sammelt und erfindet zunächst möglichst viele Schimpfwörter, anschließend „Streichelwörter".
In der ersten Runde stehen sich beide Gruppen/Paare gegenüber und werfen sich eine Minute lang die Schimpfwörter an den Kopf. Anschließend sprechen sie sich die gleiche Zeit die Streichelwörter zu. Garantiert zum Lachen führt die zweite Runde, wenn nun die Schimpfwörter im Ausdruck liebevoll gesagt werden und die Streichelwörter als Beleidigung benutzt werden.
Wichtig! Es sollte nicht zu Berührungen kommen. Der Schwerpunkt bleibt beim sprachlichen Ausdruck.

Die Spielvorlage

Kriterien für die Wahl der Spielvorlage

Eine Spielvorlage muss sowohl inhaltlich, als auch von den vorkommenden Personen her zu den Kindern passen. Bevor man sich für ein selbst erfundenes Stück entscheidet oder eine fertige Textvorlage auswählt, sollte man sich die spezifischen Vorraussetzungen vergegenwärtigen: Theatergruppe, Aufführungsanlass, Probenzeit, Theaterform.

Die Theatergruppe

Anzahl der möglichen Spieler
Aufteilung in männliche und weibliche Rollen
Stimmen die geforderten darstellerischen Fähigkeiten mit den vorhandenen Talenten überein?
Die Länge des Stückes darf die Aufmerksamkeitsspanne nicht überlasten.
Das Thema sollte mit den Interessen der Gruppe übereinstimmen.

Ein Märchen als Vorlage kann für ältere Kinder zunächst fad erscheinen. Es wird jedoch interessant bei dem gemeinsamen Versuch, es pfiffig umzusetzen.

Die Rollen

Die Rollen sollten möglichst alle das gleiche Niveau haben, um nicht einige Kinder durch ausgewiesene Hauptrollen herauszustellen. Überlegen Sie mit den Kindern, ob sie die vorhandenen Rollen spielen möchten. Die Begeisterung z. B. für die Umsetzung von „Die Bremer Stadtmusikanten“ kann groß sein, jedoch möchte niemand eine Tierrolle spielen. In diesem Fall kann eine andere Theaterform gewählt werden, z. B. Schattentheater.

Aufführung, mögliche Zuschauer und Dauer

Wenn für eine Vorstellung extra eingeladen wird, besteht das Risiko, dass außer den Angehörigen kaum fremde Zuschauer kommen. Ein bekannter Titel und ein ansprechendes Thema können möglicherweise einen größeren

Kreis anziehen. Eine Aufführung vor Kindern kann maximal eine Stunde ohne Pause oder zweimal 45 Minuten mit Pause dauern.
Eine Darbietung im Rahmen eines fröhlichen Sommerfestes in der Gemeinde hat ein gemischtes Publikum. Ein unterhaltsames und pfiffiges Stück kommt hier besser an, als ein schwerwiegendes Thema.
Eine thematische Veranstaltung gibt den Inhalt für das Theaterstück vor. Das Spiel kann belehren, aufklären, schockieren, provozieren, erbauen oder unterhalten. Im Rahmen z. B. eines „Umwelttages“ können die Besucher mit einem Stück zum Thema Müll eingestimmt werden.
Erfolgt die Vorführung im Rahmen einer anderen Veranstaltung, sollte sie 30 Minuten nicht überschreiten.

Probenzeit

Prüfen Sie, ob das geplante Projekt in der vorhandenen Probenzeit erfolgreich umsetzbar ist. Ein gelungenes kleines Projekt auf der Grundlage einer kurzen Geschichte ist besser, als eine hektische Probenzeit und ein unbefriedigendes Ergebnis.

Theaterform

Die Entscheidung kann beeinflusst sein, von der Wahl einer bestimmten Theaterform: Schattentheater, Spiel mit Masken, Schwarzes Theater ...

Ein Drama liegt vor: Für und Wider von Textvorlagen

Die Arbeit an einer fertigen Textvorlage ist in diesem Buches nicht vorrangiges Thema. Doch seien im Folgenden dazu einige Anregungen gegeben.
Bei Textvorlagen sind die Handlung, die mitspielenden Rollen, deren Texte, sowie eine Reihe von Regieanweisungen zur Umsetzung auf der Bühne vorgegeben. Die Rechte, das Stück einmal aufführen zu dürfen, werden mit dem Kauf einer entsprechenden Anzahl der Rollenbücher erworben.
Es kann ein berauschendes Gefühl für alle Beteiligten sein, eine Vorlage, die zunächst nur in der Fantasie und auf dem Papier besteht, in das eigene Stück auf der Bühne zu verwandeln. Dazu gehört, sich die Freiheit zu nehmen, den

Kern zu belassen und die künstlerische Gestaltungsarbeit auf sich zu nehmen, Rollen, Text und Umfeld auf die Theatergruppe und ihre Möglichkeiten abzustimmen.
Die Kunst des Spielleiters liegt darin, durch die Beteiligung der Kinder bei der Auswahl, durch behutsames Hineinbegleiten in das Thema und durch die lustvolle Arbeit an den Rollen das vorgefertigte Stück zu einem Werk zu machen, das von der ganzen Gruppe getragen wird.

Erfahrungen bei der Arbeit mit fertigen Stücken

Das Stück ist bereits in Form einer aufführungsreifen Dramaturgie gestaltet. Der Text ist klar, der Sinn ebenfalls. Der manchmal anstrengende und Zeit aufreibende Prozess, ein Thema für ein eigenes Stück zu finden und dieses zu einer spielbaren Vorlage umzuarbeiten, entfällt. Diese Zeit- und Energieersparnis wird in eine sorgfältige Rollenarbeit und in eine pfiffige Ausgestaltung umgesetzt.
Die Textvorlage ist keine starre Vorgabe, die bis zur Aufführung „abgearbeitet" wird. Sie muss mit Leben gefüllt werden und sich entwickeln. Der Text wird auf die Gruppe und ihre Möglichkeiten abgestimmt. Die individuellen Ausdrucksmöglichkeiten werden in einer ausführlichen Phase der Rollenarbeit gefördert, damit die Kinder in eine Rolle hineinwachsen.
Bei der Arbeit an einer Textvorlage entwickeln die Kinder einen Sinn für eine angemessene Sprache, für den Ausdruck und die Wortwahl. Der Text erweitert möglicherweise ihren Wortschatz. Sie setzen sich mit klassischen Vorlagen auseinander und erfahren auf diese Weise etwas über den dramaturgischen Aufbau. Die Beschäftigung mit dem Autor und dem Umfeld des Stückes ergänzt das Hintergrundwissen.
Die Kinder denken sich in ihnen zunächst fremde Personen und Rollen hinein.

Hinweise zur Auswahl

Das Stück muss zum Vorstellungsbereich und zur Erfahrungswelt der Kinder passen. Lediglich eine Nachahmung von Erwachsenentheater wird der Zielgruppe nicht gerecht. Wenn Kinder Theater spielen, kann es nicht darum gehen, die Idee eines Autors zu reproduzieren, sondern es dürfen eigene Vorstellungen und Ideen mit einfließen. Trotzdem sollte man vorher beim Autor oder beim Verlag nachfragen, welche Freiheiten in der Ausgestaltung erlaubt sind.

Der Spielleiter wird im Vorfeld viele Textbücher lesen und dann mehrere zur Wahl stellen. Diese Suchphase kann er auch auf die Kinder übertragen. Jedes Kind liest eine Vorlage, die es dann der Gruppe vorstellt. Gemeinsam wird entschieden, welches Stück umgesetzt wird. Weder der Spielleiter, noch die Gruppe soll überredet werden.

Kriterien für die Auswahl einer Vorlage können sein:

- Stimmt die Anzahl der möglichen (oder noch zu ergänzenden) Rollen mit der Anzahl der Mitglieder der Gruppe überein?
- Können die Kinder die Anforderungen an die Gestaltung leisten oder zumindest in absehbarer Zeit erreichen? Die Vorlage sollte überschaubar sein, damit die Probenzeit nicht unberechenbar in die Länge gezogen wird.
- Die Sprache sollte dem Alter der Kinder entsprechen und leicht zu erlernen sein. Dialoge sollten knapp und verdichtet sein. Lange Monologe sind eine hohe Anforderung.

Die Aneignung des Textes

Stures Auswendiglernen lähmt Kreativität

Zieht man ein fertiges Stück als Spielvorlage heran, ist das für die Kinder meist mit dem Lernen von viel Text verbunden. Die Arbeit mit einer fertigen Vorlage darf auf keinen Fall zu einer Verschulung der Theaterarbeit führen. Wird der Text stur auswendig gelernt, wird Vorgegebenes nur reproduziert, ohne dass die eigene Seele mit hineinwächst. So bleibt kein Raum für Kreativität. Lediglich auswendig gelernter Text wird meist nur aufgesagt. Die sprachliche Gestaltung und die inhaltliche Aussage bleiben auf der Strecke. Die Rollenarbeit kann helfen, dass die Kinder bei schwierigen Satzpassagen ihre eigene Form finden. Also: Nur Mut, den Text zu verändern!

Einige Tipps zum Einprägen vom Text

- Für jedes Kind eine Aufnahme mit der Originalbesetzung herstellen. Immer wieder anhören: beim Radeln, beim Baden, kurz vor dem Einschlafen ...
- Text laut sprechen und sich dabei bewegen, spazieren gehen oder im Zimmer auf- und abgehen. Noch besser ist es, beim Sprechen in die Haltung der Person, die diesen Text spricht, zu gehen.
- Text lernt sich am leichtesten im Spiel. Neben den Proben sich mit der Szenenpartnerin treffen, gemeinsam spielen und sprechen.

- Text nicht isoliert von der eigenen Rolle lernen, sondern immer im Zusammenhang mit den anderen. Jeder sollte den Text der anderen kennen, zumindest das Stichwort, um darauf reagieren zu können.
- Text auf keinen Fall stur auswendig lernen und von den Eltern abfragen lassen.
- Vor dem Spielen den Text gemeinsam lesen. Geprobt wird ohne Textbuch.

Aus einer Idee ein Drama machen

Ein eigenes Stück zu „erfinden" ist spannend! Die selbst erarbeitete Vorlage bietet mehr Freiheit, Themen und Ideen aufzunehmen, die die Kinder beschäftigen. Sie wird passend zur Gruppe, mit ihr und ihren Möglichkeiten entwickelt. Die Kinder sind an der Entstehung direkt beteiligt und tragen einen manchmal mühseligen Findungs- und Gestaltungsprozess mit. Es erfordert vom Spielleiter viel Geduld und eine behutsame Begleitung, um die vielen Ideen „unter einen Hut zu bringen".

Eine eigene Vorlage „erfinden"

Der Spielleiter unterstützt die Gruppe, eine Geschichte oder Impulse für Themen auszuwählen, Ideen zu bündeln und daraus ein spielfähiges Stück zu gestalten.

Während der Erarbeitungszeit läuft ein ständiger wechselseitiger Prozess zwischen ausprobieren, spielen, improvisieren und reflektieren. Entscheidungen sind meist leichter durch Spielen und Ausprobieren zu treffen, als über lange Diskussionen. Viel im Spiel ausprobieren!

Es gilt, ein gutes Gespür dafür zu entwickeln, nicht zu lange zu experimentieren, aber auch nicht zu früh Szenen und Rollen festzulegen. Mindestens einmal darüber schlafen!

Wege zu einer Geschichte

- Ausgangspunkt können eine oder mehrere Ideen sein, die durch Impulse und Improvisationen entstanden sind. Diese Szene wird wiederholbar bearbeitet und eventuell erweitert.
- Im Spielen werden verschiedene „Bausteine" (Szenen) zu einem Thema gesammelt, die durch einen roten Faden verbunden werden.
- Eine Geschichte, ein Gedicht oder ein Märchen wird zu einem Spiel auf der Bühne umgestaltet. Die Dialoge werden durch Improvisation

gefunden und festgehalten. Die Vorlage wird originalgetreu oder, was viel spannender ist, frei umgesetzt.

- Der Höhepunkt wird festgelegt und von dort aus überlegt, wie es dazu kommt und wie die Geschichte endet.
- Das Ende ist festgelegt. Rückwärts denkend wird überlegt, wie es dazu gekommen ist.
- Fragen stellen, zu denen eine (fantastische) Lösung gesucht wird: Warum gibt es keinen Winter mehr? Was passiert, wenn niemand mehr schlafen würde?
- Eine vorgegebene Geschichte aus einer anderen Sicht erzählen. Beispiel: Das Märchen „Dornröschen" wird aus der Sicht des Küchenjungen, der die Ohrfeige bekommen hat, erzählt.

Dramatisieren

Die Geschichte oder die Ideen werden zu einem dramatischen Geschehen bühnenwirksam aufbereitet. Dramatisch heißt, die Handlung leidenschaftlich, mitreißend, bewegend und spannend zu gestalten. Das Stück bekommt einen Anfang, ein Mittelteil, ein klares Ende und einen roten Faden, der sich durchzieht.

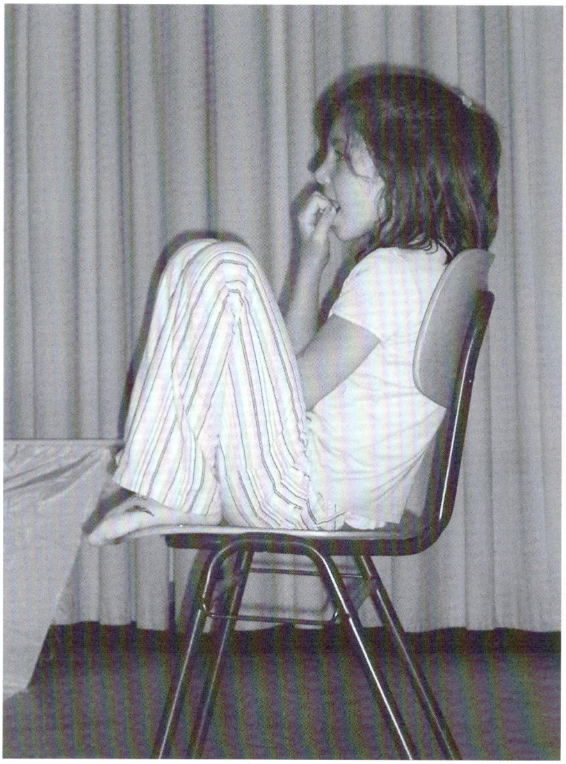

Der Anfang
Die erste Szene stellt die Ausgangssituation, den Spielort und die wichtigsten Personen vor. Die Beziehung der Beteiligten untereinander, der Konflikt und die Reaktionen werden verdeutlicht.
Bei einem Szenenprogramm stehen zu Beginn die Begrüßung und eine erste Darbietung, die neugierig auf weitere Sensationen macht.

Die Entwicklung (Mittelteil)
Das Problem wird deutlicher und die Spannung steigert sich zum Höhepunkt, an dem die Wende eintritt.
Unerwartete Störungen, die eine vorzeitige Lösung verhindern, erhöhen die Neugier. Lange Monologe oder Dialoge sollten vermieden werden, um die Spannung zu halten.
Ein Szenenprogramm steigert sich in den Anforderungen und Leistungen, sowie den Ankündigungen von Sensationen.

Der Schluss
Das Ende oder die Lösung darf unerwartet, jedoch glaubhaft sein und erwächst aus der Handlung. Ein „happy end" löst alles in Wohlgefallen auf. Ein „offener Schluss" gibt keine Lösung vor und regt die Zuschauer zum Nachdenken an.
Der Schluss darf sich nicht zu lange hinziehen. Der Abgang der Spieler kann nach und nach erfolgen oder gleichzeitig. Nach dem letzten wichtigen Satz kann das Bild „einfrieren", die Spieler bleiben für eine halbe Minute in der letzten Haltung stehen und gehen dann gemeinsam ab.
Ein Nummernprogramm bietet eine Schlussszene, in der noch einmal alle Beteiligten auftreten und mit einem Schlussbild enden.

Der rote Faden – eine Auswahl

- Ein Gegenstand, um den sich verschiedene Figuren streiten und Geschichten ranken, z. B. ein Tagebuch.
- Ein Requisit, das nicht unbedingt in die Handlung eingebunden sein muss, aber immer wieder vorkommt. Die einzelnen Szenen können z. B. aus einer Schachtel „herauskommen".
- Ein Thema, das sich durchzieht, z. B. Wahrheit und Lüge.
- Eine Person, die die verschiedenen Szenen verbindet, beispielsweise ein Clown, der seine Späße zwischen den einzelnen Attraktionen treibt.
- Ein Ort, an dem sich unterschiedliche Typen und Figuren treffen.

Märchen

Die meisten Märchen haben einen sehr geradlinigen und vorhersehbaren Verlauf. Mit gezielten Veränderungen lässt sich daraus eine spannende Handlung machen. Im Märchen gibt es oft eine dreimalige Wiederholung einer Situation. Spielerisch umgesetzt kann das langweilig werden. Die dritte Wiederholung sollte anders als erwartet sein. Pfiffige Spielideen und gewitzte Charaktere der Märchenfiguren gestalten die Erzählung lebendig.

Das Vorhaben, ein Märchen in die heutige Zeit zu übertragen, ist oftmals nur der Wunsch des Spielleiters. Eine Aktualisierung darf nicht gegen die Vorstellung der Kinder gehen. Nicht nur bei kleineren Kindern sind Märcheninterpretationen geprägt durch die bekannten Umsetzungen aus dem Fernsehen oder dem Theater. Es ist interessant, dass Kinder oftmals nur eine Fernsehfassung und nicht das Original kennen. Die Theaterarbeit an einem Märchen unterstützt das Entwickeln von eigenen Bildern, um so von Klischees wegzukommen.
Die Auswahl sollte gut überlegt sein. Manche Erzählungen enthalten Szenen, die schwierig darzustellen sind, wie z. B. die Verbrennung der Hexe in „Hänsel und Gretel". Eine Lösung sollte mit den Kindern entwickelt und nicht vorgeben werden.

Ein Märchen kann eine Ausgangsidee sein, um eine eigene Geschichte zu entwickeln. Beispiel:

- Im Märchen vom Froschkönig ist plötzlich die goldene Kugel verschwunden. Sie befindet sich nicht im Brunnen. Ein Detektiv muss kommen und den Fall untersuchen.
- Was ist aus den Bremer Stadtmusikanten geworden?

Tipps zum Schluss

- Die Geschichte vor der endgültigen Fassung noch einmal nach Ideen durchchecken, die das Publikum nicht verstehen würde, weil es dazu eines „Insiderwissens" bedarf. Diese lieber weglassen.
- Nicht zu viele Ideen in ein Stück packen. Lieber ein zweites Stück daraus machen.

Von der Idee bis zur Premiere

In einem Theaterprojekt steckt viel Arbeit und Engagement von allen Beteiligten. Ein solches Unternehmen braucht die gründliche Vorbereitung des Spielleiters, ausreichend Zeit, die Kinder mit dem ausgewähltem Stück vertraut zu machen, eine wohl bedachte Verteilung der Rollen, abwechslungsreiche intensive Proben, einen Blick für die bühnenwirksame Umsetzung, Fantasie für die Gestaltung von Kostümen und Requisiten und schließlich einen gut geplanten Aufführungstag.

Schritt für Schritt

Eigene Vorbereitung und Planung

- Vorlage für die Aufführung wählen: Thema, Geschichte, Gedicht, Märchen, Anlass...
  Wenn es von den Kindern einen Vorschlag gibt, gemeinsam Material sammeln.
- Eigene Gedanken, Vorstellungen und Interesse am Thema festhalten.
- Einen Zeitplan für die Proben aufstellen, der weder zu lang ist, noch die Gruppe unter Termindruck setzt.
- Probenraum, Uhrzeit und Dauer für die Treffen festlegen.
- Termin und Ort für die Aufführung andenken und/oder festlegen, dabei die Belastung durch die Schule berücksichtigen.

Erste Begegnung und Hinführung

Die Einführungsphase macht die Kinder mit der Idee oder der Vorlage vertraut. Ausgewählte Textvorlagen und Geschichten werden vom Spielleiter und/oder von einzelnen Kindern vorgestellt. Die Vorschläge werden mit eigenen Ideen ergänzt, überprüft, ob sie für die Gruppe verwendbar sind, und dann wird darüber abgestimmt.

Diese Phase sollte bei Kindern nicht zu lange dauern und eine ausgewogene Mischung aus Spielen und Überlegen sein. Relativ rasch kann in das Anspielen und Erproben übergegangen werden.

- Die erste Begegnung mit der Textvorlage, der Geschichte, des Themas gestalten:
  die Geschichte mit eigenen Worten verständlich und spannend erzählen,
  ein Lied herausnehmen und gemeinsam singen,
  ein Thema herausnehmen und dazu ein Spiel gestalten,
  einen Textabschnitt vorlesen,
  eine Figur auftreten lassen und aus ihrer Sicht erzählen.
- Entwickeln von eigenen Vorstellungen:
  Bilder zur Geschichte malen,
  Den Anfang einer Geschichte erzählen und die Kinder die Fortsetzung ausdenken lassen. Was könnte passieren? Wer ist daran noch beteiligt?
  Die Kinder schreiben die Geschichte bis zum nächsten Treffen weiter.
  Jede Idee der Kinder auf einem eigenen Zettel festhalten.
- Vorhandene Szenenfolge einer Textvorlage optisch vorstellen und dazu Gestaltungsideen sammeln.
- Ein Märchen oder eine Geschichte gemeinsam in einzelne Szenen aufteilen. Jede Szene wird auf einem eigenen Zettel notiert. Diese Szenenzettel sind die Grundlage für eine Art „Text- und Rollenbuch“ und werden mit den Ideen zur Gestaltung, sowie bei jeder Probe mit den aktuellen Gegebenheiten ergänzt.
  Überlegen, welche Personen in der Szene vorkommen.
  Gespräch über das Geschehen und die Handlung
  Betrachten, warum die Personen so handelt.
  Überlegen, was für das Spiel benötigt wird: Kulissen, Requisiten, Kostüme.
- Eine Art „Drehbuch“ erstellen und alles Wichtige darin festhalten.

Text- und Rollenbuchmodell

Nr.	Szene	Was passiert?	Wer tritt auf?	Text	Kulissen Kostüme Requisiten	Licht	Sonstiges

Anspielen und Erproben

Das Grundgerüst für das selbst erarbeitete Stück steht. Ideen werden verworfen und neue kommen durch das Spielen dazu.

- Bei einem Textspiel wird eine Kernszene ausgewählt und angespielt.
- Mit Improvisationsspielen werden Szenen und Rollen locker und frei ausprobiert
  Mit den Kindern das Spiel besprechen und Änderungsvorschläge ausprobieren. Passende und wichtige Sätze schriftlich festhalten.
  Bei einem selbstgestaltetem Stück entsteht auf diese Weise eine Art „Textbuch".

Gestalten

Der Ablauf der Szenen steht fest.

- Der Text ist noch weitgehend improvisiert und darf sich immer wieder verändern.
- Die Rollen wechseln durch und werden am Ende dieser Phase festgelegt.
- Gestaltungsalternativen erproben.
- Anfangsszenen proben, bei denen möglichst viele Kinder beteiligt sind.
  Geprobt wird mit improvisierten Requisiten und Kostümen.

Vertiefen

Die Kinder werden im Ablauf der Szenen, im Text und im Auftritt sicherer. Bei Stücken ohne feste Textvorlage werden die besten Sätze festgeschrieben.

- Die Rollen werden gestaltet: Aussehen, Charakter, Auftreten ...
- Einzelne Szenen werden nach und nach gespielt und gemeinsam verbessert.
- Musikalische Ergänzungen
- Kulissen, Requisiten und Kostüme entstehen.

Intensivieren – Perfektion

Eine intensive Probenzeit zunehmend unter Originalbedingungen:
mit Kostümen, Requisiten, auf der Bühne ...

- Der letzte Schliff kommt hinzu, Feinheiten werden ausgearbeitet.
  Szenen durch Improvisationen in der Wirkung verstärken.
- Generalprobe, bei der möglichst wenig verändert wird.
- Applausordnung proben

Abschluss

- Der Höhepunkt ist die Premiere und mögliche weitere Aufführungen.
- Nicht vergessen: ein kleines Fest oder ein Dankeschön für alle Beteiligten für das gelungene Projekt.

Auswahl und Festlegung der Rollen

Die Kinder warten meist sehnsüchtig auf den spannenden Moment der Rollenverteilung. Legen Sie die Rollen nicht zu früh fest und beziehen Sie die Kinder in die Auswahl mit ein. Es lohnt sich für die Qualität der Aufführung und für die Freude am Spielen, sich damit Zeit zu lassen und die Kinder zunächst in wechselnden Rollen zu beobachten.

Übereinstimmung von Fähigkeiten, Person und Rolle

Die Rolle soll zu den Fähigkeiten und zum Äußeren des Kindes passen. Es darf sich darin wohl fühlen. Bei Überforderung kann es so unter Druck kommen, alles richtig und gut spielen zu wollen, dass es im schlimmsten Fall kurz vor der Premiere ausfällt. Einem unterforderten Kind kann es langweilig werden und es stört mit Albereien die Proben. Es nimmt seine Aufgabe nicht ernst, indem es den Text nicht lernt oder schludrig spielt.

Die Rollenwahl darf das Kind nicht lächerlich machen. Es muss die Person, die es darstellen soll, glaubhaft verkörpern. Ein schüchterner und etwas korpulenter Junge wird sich schwerlich in einen mutigen und schlanken Prinzen verwandeln. Die passendere Rolle für ihn ist der König, der auf dem Thron sitzt und sein Reich weise regiert.

- Eine Rolle darf den Kindern durchaus etwas abverlangen, um sie in ihren Fähigkeiten und in ihrer Entwicklung zu fördern. Sie sollen Neues hinzulernen und andere Seiten an sich entdecken.

Rollenverteilung

In der ersten Probenphase bekommen die Kinder die Gelegenheit, sich in Übungen mit wechselnden Rollen in unterschiedliche Figuren hineinzufühlen und hineinzuwachsen. Oftmals kommt erst nach zunehmender Spielerfahrung der Mut, eine Figur zu übernehmen.

- Im Spiel *Stopp and Go* werden die verschiedenen vorkommenden Figuren aufgerufen, in die sich die Kinder verwandeln dürfen. So spielen alle Kinder einmal alle Rollen.
- Kurze Szenen aus dem Stück wählen und mit wechselnder Besetzung spielen.

Konflikte bei der Festlegung der Rollen lassen sich nicht ganz vermeiden. Binden Sie die Kinder in die Auswahl mit ein, damit sie die Entscheidungen besser nachvollziehen können. Kinder haben gute Ideen und Anregungen, wie eine Figur auszusehen hat und zu spielen ist, und sie können aus ihrer Sicht sagen, wer wohl für die Rolle am besten geeignet ist.
Der Spielleiter macht sich aufgrund seiner Beobachtungen vorher Notizen über die Verteilung. Die Kinder dürfen selbstverständlich ihre Wünsche ebenfalls sagen. Sie können zunächst zwei Rollen aufschreiben, die sie gerne übernehmen würden. Das ist keine Abstufung im Sinne einer 1. und 2. Wahl. Wenn die Kinder sich zwei Rollen vorstellen können, sind sie nicht auf eine fixiert.

- Sagen Sie deutlich, dass das noch keine Zusage ist und gemeinsam eine Lösung geucht wird, wenn mehrere Kinder den gleichen Wunsch haben.
- Gibt es Doppelungen, können die Kinder nach einer Lösung gefragt werden. Auslosen wäre eine Möglichkeit. Wichtig ist immer, dass alle Kinder damit einverstanden sind!
- Außenstehende Personen können einen guten ergänzenden Blick auf die Verteilung der Rollen einbringen. Die letztendliche Entscheidung sollte beim Spielleiter bleiben!

Die Hauptrolle

Eine besondere Sorgfalt liegt auf der Wahl für die Hauptrolle. Diese Figur trägt das Stück, hat meist mehr Text und lange Auftritte. Die besondere Anforderung besteht darin, lange auf der Bühne zu stehen, sich in verschiedenen Situationen rollentypisch zu verhalten, geschickt und einfühlsam auf die Spielpartner einzugehen. Kinder, die eine Hauptrolle übernehmen, sollten sprachlich gewandt sein und laut und deutlich sprechen können,

gerade, wenn Texte improvisiert werden. Eine Hauptrolle ist attraktiv, kann aber schnell zur Belastung werden, wenn das Kind den Anforderungen nicht gewachsen ist.
Eine Möglichkeit ist, diese Rollen doppelt zu besetzen und mit beiden Akteuren zu proben. Die Gefahr, bei der Premiere ohne Hauptrollenspieler dazustehen, ist dadurch geringer. Natürlich müssen beide ihren Auftritt bekommen, z. B. bei der Erst- und Zweitpremiere. Die Gefahr könnte sein, dass die beiden Interpretationen miteinander verglichen werden und ein Darsteller eventuell schlechter abschneidet.

Helden wollen (fast) alle spielen
Manche Vorlagen haben nur einen Helden oder eine Heldin zu bieten. Möglicherweis lässt sich in die Geschichte eine zweite, gleichberechtigte Rolle einbauen, um nicht nur ein Kind hervorzuheben.
Beispiel: Der Prinz bekommt einen Diener an seine Seite, der ihn vor allerlei Gefahren schützt und ohne dessen Hilfe er den Drachen nicht besiegen kann. Oder die „Prinzessin" sind eigentlich Zwillinge.

Die Wahl steht fest
Wenn die Rollen weitgehend feststehen, sollte noch ein Blick darauf geworfen werden, ob die Zusammenstellung stimmig ist. Passt die Tochter zu den Eltern? Passen Vater und Mutter zusammen? Die betreffenden Figuren können sich dazu für ein fiktives „Foto" auf der Bühne anordnen.
Sind die Rollen endlich verteilt, kann es trotzdem noch Probleme geben.

„Diese Rolle gefällt mir nicht!"
Variante 1: Ein Kind hat zugesagt und stellt hinterher fest, dass es mit seiner Rollenwahl unglücklich ist. Es ist keine Lösung, einem anderen Kind die Rolle wegzunehmen. Mit dem betreffendem Kind kann überlegt werden, wie seine Rolle aussehen soll, damit es sie gerne spielt. Manchmal sind falsche Vorstellungen vorhanden, die sich leicht im Gespräch ausräumen lassen. So kann am Schluss eine pfiffige Figur entstehen.
Beispiel: Ein Mädchen hatte spontan die Idee, einen Hahn zu spielen. Daheim war sie sich nicht mehr so sicher. Es wollte sich nicht mit einem Federkostüm schmücken. Die Lösung waren bunte Tücher an einem einfachen blauen T-Shirt. Zusätzlich komponierte das „Hahnenkind" noch ein keckes Lied

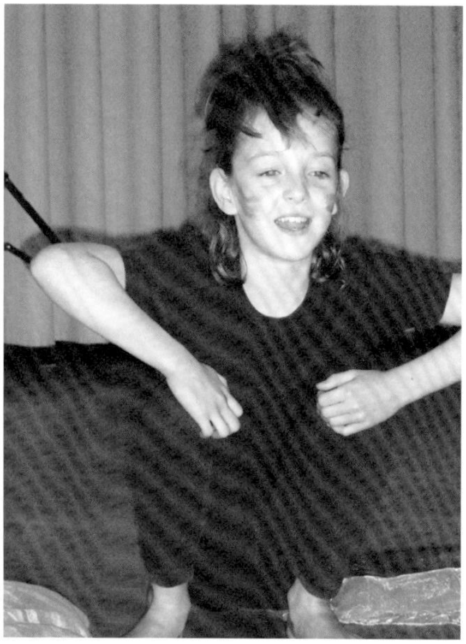

und holte somit die Figur aus einer Nebenrolle zu einer beachteten Rolle auf der Bühne heraus.

Variante 2: Es sind anscheinend nur noch „unattraktive“ Rollen übrig. Vor der Festlegung wird mit den Kindern jede Rolle so ausgemalt, dass alle sie sich gut vorstellen können und Lust bekommen, sie zu spielen.

„Ich mag nicht mehr spielen.“
Diese Aussage kann mehrere Gründe haben. Das Kind fühlt sich überfordert, es hat Angst vor dem Auftritt, es kommt sich in seiner Rolle komisch vor, es gibt Konflikte in der Gruppe oder die Eltern lehnen die Rolle ab und sagen das dem Kind.

- Möglicherweise reicht es, wenn dem Kind Mut gemacht und ihm zugetraut wird, dass es die Aufgabe schafft.
- Ein solches Gefühl kann aus einem momentanen Zustand kommen, z. B. weil in der Schule derzeit viel abverlangt wird. Etwas Abstand und „einmal darüber schlafen“ kann neuen Schwung geben.
- Ein Gespräch mit den Eltern kann dort mögliche Ursachen beseitigen und die fehlende Unterstützung bringen.

Tierrollen

Tierrollen sind umstritten. Entweder verwandeln sich die Kinder mit viel Lust in ein Tier oder sie lehnen eine solche Figur konsequent ab. Die Eigenschaften dieses Tieres gefallen ihnen nicht oder sie stellen sich das Spielen einer solchen Figur kompliziert auf vier Beinen und in gebückter Haltung vor.

- Tiere müssen nicht auf allen Vieren gespielt werden.
  Es ist sehr anstrengend und unnatürlich für Menschen, eine solche Haltung über längere Zeit einzunehmen. Die Darstellung kann auf der Bühne so klein werden, dass sie von Weitem für die Zuschauer nicht mehr sichtbar ist.
  Ein Elefant, der von einem Kind auf allen Vieren dargestellt wird, ist längst nicht so wirkungsvoll, als wenn er auf zwei Beinen seine ganze Größe zeigt.

- Für fast alle Tierrollen lässt sich eine Gangart auf zwei Beinen finden, die den Charakter widerspiegelt.
  Gangart: schnell – langsam, tappsig, weit ausladend, huschen, flatterhaft
  Körperhaltung: leicht gebeugt, sehr gerade und aufrecht, in sich versunken, hin und her winden ...
  Kopfhaltung und -bewegung: rasch, hin und her, suchend, langsam, wackelnd ...
- Tierdarsteller müssen nicht ständig die charakteristischen Laute nachahmen. Das klingt mit der Zeit lächerlich. Es genügt, an wenigen Stellen im Text bewusst ein „Muh" oder ein „Mäh" einzubauen. Die sprachliche Ausdrucksform ist der Art und Weise des Tierlautes angepasst.
- Bis zur nächsten Probe können Tiere im Zoo oder in ihrer natürlichen Umgebung ausgiebig beobachtet werden.
  Kinder, die selber Haustiere haben und sich viel mit ihnen beschäftigen, ahmen die charakteristischen Bewegungen faszinierend nach.

Tierrollen können gut gemeinsam mit dem Spiel *Stopp and Go* (Seite 146) erarbeitet werden. Jeder hat seine Vorstellung vom Gang und der Eigenart, die zusammengetragen ein vielfältiges Bild ergeben.

Nun wird fleißig geprobt!

Die Probenzeit ist abhängig vom Umfang der geplanten Aufführung und von den Theatererfahrungen der Kinder. Es lässt sich daher schlecht eine verbindliche Zeitangabe geben. Nicht zu lang und nicht zu kurz! Bei einer zu kurzen Probenzeit können die Kinder noch unsicher sein. Dauert es bis zur Premiere zu lang, lässt das Interesse nach und es gibt kaum noch eine Steigerung in der Darstellung.

Probenturnus

Die Theatergruppe trifft sich meist einmal wöchentlich. Wenn der Termin der Premiere näherrückt, können mehrmalige Proben in der Woche sinnvoll sein. Die Herstellung von Kulissen, Requisiten und die Gestaltung der Kostüme muss man in der Zeitplanung berücksichtigen.
Der Beginn der Proben ist zeitlich sinnvoll im Jahreskreislauf anzusetzen. Schon im warmen August für ein Krippenspiel zu proben, ist wenig motivierend.

- Eine ausreichende Anzahl von Probenterminen sollte am Originalspielort stattfinden. Die Kinder werden so vertraut mit den Gegebenheiten vor Ort und bewegen sich bei der Aufführung sicherer.
- Alle Termine, vor allem die Zusatztermine, rechtzeitig den Kindern und den Eltern schriftlich mitteilen, damit sie sich darauf einstellen können. Es ist ärgerlich, wenn zu viele Darsteller bei den Proben fehlen.

Es kann sinnvoll sein, Proben anzuberaumen, zu denen nur ein Teil kommt, um intensiver an bestimmten Szenen zu arbeiten.

- Kinder, die augenblicklich nicht auf der Bühne aktiv sind, können Beobachtungsaufgaben bekommen, damit sie trotzdem konzentriert am Spielverlauf bleiben und folgende Elemente mit einbringen:
  Sätze notieren, die gut in das Spiel passen.
  Gesten und Gangarten notieren, die gut zur Rolle passen.
  Auf angemessene Lautstärke achten.
  Darauf achten, dass die Spieler nicht dem Publikum den Rücken zudrehen.
  Ideen zum Bühnenbild und zu den Kostümen sammeln.

Einen Schlusspunkt setzen

Der Termin für die Aufführung sollte vorher festgelegt werden. Der positive Druck, bis zu einem bestimmten Zeitpunkt fertig sein zu müssen, unterstützt die intensive Probenarbeit. Kurz vor der Aufführung ist immer das Gefühl vorhanden, dass eigentlich viel mehr Probenzeit nötig wäre. Lassen Sie sich davon nicht verunsichern!

- Szenen nie so lange proben, bis sie vermeintlich perfekt sind. Wenn immer wieder das Gleiche geprobt wird, ist schnell die Luft raus. Die Szene ist „tot geprobt“. Es ist hilfreicher, die Szene ruhen zu lassen und beim nächsten Treffen wieder aufzunehmen. Achten Sie darauf, dass alle Spieler dennoch mit einem guten Gefühl von der Probe heimgehen und nicht den Eindruck mitnehmen, heute schlecht gewesen zu sein.

Der „tote Punkt“

Es ist ganz normal, dass in einer Probenzeit irgendwann der „tote Punkt“ kommt. Die Konzentration fehlt, es geht nichts voran und in der Spielleistung ist kein Fortschritt erkennbar. In den Proben wird mehr oder weniger nur herumgealbert. Der Spielleiter darf sich in dieser Situation nicht dazu verleiten lassen, an den Fähigkeiten der Kinder zu zweifeln oder sie zu schelten.

- Die Premiere steht vor der Tür. Die Zeit wird knapp und die Hoffnung auf eine erfolgreiche Aufführung schwindet. Eventuell ist es der eigene Druck und Anspruch, der zu diesem Punkt geführt hat. Verringern Sie den Zeitdruck. Eventuell sind zu viele Proben angesetzt und die Kinder zeitlich überfordert.
- Es lohnt sich, eine Probe anders zu gestalten:
  Ein neues Spiel zum Einstieg,
  Einen Kuchen oder eine andere Spezialität mitbringen,
  Szenische Improvisation, statt intensiver Probe am Stück
- Das Spiel mit dem Text oder die Arbeit an einer Szene unter einem neuem Vorzeichen spielen. Ein solcher Exkurs bringt frischen Wind in den Verlauf, die Gestaltung der Rollen, das Spiel und die Proben!
  Die Szene pantomimisch spielen.
  Fantasiesprache statt realen Text verwenden.
  Die Szene findet unter Wasser oder im Weltall statt.
  Die Kinder spielen die Szene als Tiere mit entsprechenden Tierlauten. Die Wahl der Tiere soll den Charakter der Rolle treffen.
- Immer wieder: Sehr gezielt und ehrlich loben und ermutigen!

Eine Probe aufzeichnen

Eine Aufnahme gibt den Kindern einen Eindruck von ihrem Spiel, sollte sie jedoch nicht verunsichern. Lieber die Aufnahme einer gelungenen Aufführung ansehen und das Geschehen Revue passieren lassen.

Die Generalprobe

Vor der Premiere liegt die Generalprobe, bei der unter Originalbedingungen gespielt wird: auf der Bühne, mit allen Kulissen und Requisiten bei entsprechender Lichteinstellung und in Kostümen. Die Generalprobe soll Sicherheit für alle Wege und Auftritte vermitteln.
Das Stück wird möglichst wenig durch Anweisungen unterbrochen, damit ein durchgehender Spielfluss entsteht. Wesentliche Änderungen werden vermieden.
Ein hartnäckiges Gerücht besagt, je schlechter die Generalprobe ausfällt, umso besser ist die Premiere. Ob daran etwas Wahres ist, darf jeder selbst ausprobieren.

Eine Tatsache ist, dass Kinder sich in ihrer Spielfähigkeit von der Generalprobe zur Premiere noch einmal steigern können. Hier darf der Spielleiter durchaus seiner guten Vorbereitung und vor allem den Kindern vertrauen!

Das Spiel auf der Bühne

Eine Aufführung soll für alle ein Genuss werden. Für die Kinder, weil sie wohl verdienten Applaus bekommen, und für die Zuschauer, weil das Spiel überzeugend und authentisch war. Ein wesentlicher Beitrag dazu ist das Verhalten auf und hinter der Bühne.
Behutsame und klare Regiearbeit mit dem Blick auf ein paar Details steigert das Ergebnis noch. Mit der Zeit bekommen die Kinder ein Gefühl für bühnenwirksames Agieren.
Viel Geduld ist eine wichtige Vorraussetzung für diese Phase. Für das Spiel auf und hinter der Bühne gelten die folgenden „Regeln“:

Deutlich spielen

Wildes Herumfuchteln und verschämtes Verstecken der Hände zerstören den Ausdruck. Klare Gesten, die sehr deutlich, groß und klar ausgeführt werden, haben eine bessere Wirkung. Die Zuschauer brauchen Zeit, um das Spiel und vor allem Details darin zu erkennen.
Eine Übung mit zwei Varianten kann dazu hilfreich sein:
Ohne Worte: Den Text ohne Verwendung von Gesten sprechen. Nur der sprachliche Ausdruck und die Mimik unterstützen die Aussage. Nach und nach Gestik wieder mit dazu nehmen. ... *Ohne Geste*: Den Text nicht laut sprechen, sondern den Inhalt nur mit Gesten darstellen.

Hinter der Bühne schon in seine Rolle gehen

Der Auftritt beginnt nicht mit dem Erscheinen vor dem Publikum. Die Kinder schlüpfen kurz vor ihrem Auftritt schon hinter der Bühne in ihren Charakter.

Auf der Bühne in der Rolle bleiben

Störungen (Text vergessen oder ein Requisit fällt um) möglichst aus seiner Rolle heraus „überspielen“. Dazu eine lustige Übung:
„Achtung! jetzt!“: Die Kinder spielen eine Szene. Plötzlich schafft der Spielleiter eine überraschende Situation, z. B. wirft er einen Ball auf die Bühne. Die Kinder sollen darauf aus ihrer Rolle heraus entsprechend reagieren und dann wieder zum Spielverlauf zurückkehren.

Rollen gestalten
Rollen nicht nur im Zusammenhang mit der Szene proben. In der Aufwärmphase mit den Rollen spielen und neue Begegnungen inszenieren. Das Verhaltensspektrum eines Charakters wird dadurch erweitert und das Kind fühlt sich sicherer in seiner Rolle.

Text gestalten
Den Text mit Bewegung im Raum, mit Gesten und Mimik gestalten. Wenn der Text frei erfunden wird, besteht die Gefahr, dass dieser zu wortreich wird. Klare, verständliche Sätze und gezielter Einsatz von Körpersprache sind ausdrucksstärker.

Laut und deutlich sprechen!
Der Spielleiter sollte bei den Proben nie hinten sitzen und nach vorne auf die Bühne schreien, dass er nichts versteht oder „lauter" rufen. Das holt die Kinder aus ihrer Rolle heraus. Sie müssen den Text wiederholen und der Spielfluss wird ständig unterbrochen. Es ist besser, wenn der Spielleiter den Kindern bewusst sagt, dass er nun hinten sitzen wird und alles hören möchte. Es können noch andere Kinder mit hinten sitzen. Wenn sie nichts verstehen, heben sie den Arm. Die Kinder sollen bei diesem Zeichen nicht das Spiel unterbrechen, sondern im Folgenden darauf achten, lauter zu sprechen.
Eine gute Übung nimmt die Vorstellungskraft zu Hilfe. Das Kind sucht sich im hinteren Raumteil einen Punkt aus, den es sozusagen von der Bühne aus „ansprechen" möchte und stimmlich erreichen will. Die Konzentration geht auf diesen Punkt und automatisch kommt es, ohne zu schreien, zu lauterem Sprechen.

Experimentieren
Mit verschiedenen Auftrittsmöglichkeiten experimentieren: schnell, langsam bedächtig, von rechts oder links, durch das Publikum, einmal über die Bühne gehen ...
Jede Bewegungsrichtung hat eine eigene Aussage, darum ausprobieren, welche am Besten das ausdrückt, was vermittelt werden soll. Die erste Lösung muss nicht die beste sein, daher nach Varianten suchen und ausprobieren. Nicht darüber diskutieren, sondern durchführen und die Wirkung erfahren.

Die ganze Bühne als Spiel- und Bewegungsraum ausnützen und ausfüllen
Das Spiel soll weder am hinteren Vorhang kleben, noch ganz vorne an der Rampe verlaufen. Anfangs „flüchten" Kinder gern nach hinten. Eventuell den „Kern" des Spielraumes, der genützt werden soll, mit Klebeband markieren.

Miteinander spielen, statt nebeneinander
Die Mitspielern jeweils ausreden lassen und dann erst reagieren. Das kann geübt werden, indem bewusst nach jedem Satz eine kurze Pause eingefügt wird.

Zum Publikum spielen
Dem Publikum nur, wenn es unbedingt sein muss, den Rücken zukehren. Die Zuschauer sollen nach Möglichkeit das Gesicht von vorne oder im Profil sehen. Eine Übung dazu ist *Niemanden verdecken* (Seite 154).
Ebenso ist darauf zu achten, dass die Akteure zum Zuschauer hin sprechen und nicht zum Mitspieler. Die Kinder wenden sich in einem Dialog halbschräg dem Publikum zu und stehen nicht frontal vor dem Mitspieler.

Auftritt nicht zu kurz
Ein Auftritt sollte nie zu kurz sein. Rollen, die schnell auf die Bühne kommen, ihren Text loswerden und wieder abgehen, werden kaum wahrgenommen. Beispiel: Ein Bote, der eine eilige Nachricht bringt, kann rasch auftreten und erst einmal tief durchschnaufen, bevor er seinen Text sagt. So bekommt das Kind Zeit, sich in seinen Auftritt einzufinden und der Zuschauer sich in die Szene hinein zu denken.

Kostüme und Schminken

Kostüme vertiefen die Ernsthaftigkeit des Theaterspielens und unterstützen die Kinder in der Darstellung ihrer Rolle. Die Kostümierung bildet eine Einheit mit den kindlichen Schauspielfähigkeiten, mit den Verkleidungen der anderen Mitspieler, mit der Bühnenausstattung in Bezug auf Kulisse und Requisite und mit dem Stück.
Das verstärkte Licht auf der Bühne lässt die Gesichter der Akteure flacher aussehen. Die natürlichen Farben und Konturen werden weitgehend aufgehoben. Die Mimik kommt nicht optimal zur Geltung. Auf die Entfernung hin wirkt das Gesicht für die Zuschauer ausdruckslos. Das geschminkte Gesicht steigert die vorhandene Ausdrucksfähigkeit. Die Ernsthaftigkeit, auf der Bühne eine Rolle zu spielen, wird nachhaltig unterstützt.

Das Kostüm

Die Wirkung der verschiedenen Elemente soll sich ergänzen und sich nicht gegenseitig erschlagen oder erdrücken. Prächtige Gewänder und improvisierte Sperrmüllrequisiten passen kaum zusammen. Schüchtern spielende Kinder in übergroßen Kostümen und vor einem aufwändigen Bühnenbild lassen die vorhandenen Fähigkeiten abfallen.

- Die Kostümierung ist keine Faschingsmaskerade. Das Kind darf in seinem Kostüm nicht lächerlich wirken. Eine pummelige Prinzessin wirkt in weiten wallenden Gewändern besser als in einem eng anliegenden Kleid, das die körperlichen Schwachstellen noch betont.

Die Kleiderkiste

Es lohnt sich, einen eigenen Fundus anzulegen. Zur Grundausstattung gehören verschiedene Tücher, Schals und Kopfbedeckungen. Abgelegte Kinderkleidungen ergänzen die Sammlung. Interessante Stücke finden sich auf dem Flohmarkt und im Kinder-Secondhand-Laden. Manche Leckerbissen lassen sich bei einer Kostümversteigerung beim Stadttheater erwerben. Preiswerte Schnäppchen finden sich im Kleider-Diskount. Hier gibt es vor allem billige T-Shirts und Leggings, bei denen es nicht zu schade ist, sie mit ein paar Schnitten in ein passendes Kostüm zu verwandeln.

Erwachsenengewänder sind nur bedingt verwendbar. Sie sind für Kinder meist zu groß und lassen sich nur schwer umarbeiten.

Verkleiden und Kostümwahl

Die Kinder können eine Kleiderauswahl für eine Modenschau mitbringen. Das spaßige Ausprobieren kann fotografisch als Erinnerung festgehalten werden.

Eine Theaterprobe lang sollten die Kinder nach Herzenslust kombinieren, austauschen, anziehen und umziehen können, um die beste Zusammenstellung herauszufinden. So entstehen Ideen, die vorher nicht denkbar gewesen wären. Im Anschluss daran wird gemeinsam das Kostüm für die Figuren festgelegt, Fehlendes noch ergänzt, genäht oder organisiert.

Das Spiel im Kostüm

Die Kinder müssen sich in ihrem Kostüm wohl fühlen. Es darf nicht zu eng und zu schwer sein, um die Bewegungsfähigkeit nicht zu behindern.

Das Kostüm unterstützt den Charakter der Figur. Ein ruhiger, würdig schreitender König braucht eher einen Mantel aus kräftigem Winterstoff und der junge, abenteuerlustige Held eine Jeans und einen leichten Kittel. Große flatternde Ärmel würden ihn beim „Zücken vom Schwert“ behindern.

Rechtzeitig und nicht erst bei der Haupt- oder Generalprobe sollten die Akteure im Originalkostüm spielen, damit sie sich an ihr Gewand gewöhnen können. So sind noch Änderungen möglich und müssen nicht in letzter Minute durchgeführt werden. Falls ein Kostüm noch nicht zur Verfügung steht, kann man in einem ähnlichen Ersatzkleid proben.

Der Spielfluss darf nicht durch zu viel und zu aufwändigen Kostümwechsel behindert werden. Manchmal genügt ein „Grundkleid“, das mit Tüchern für andere Auftritte abgewandelt wird.

Perücken und Bärte

Perücken können eine gute Wirkung haben, sind aber gewöhnungsbedürftig. Das Jucken und Kratzen am Kopf, das unabsichtliche Verrutschen oder allein schon die Angst davor, dass das passieren könnte, kann das Kind aus seiner Rolle werfen.
Mit Haarspray, Gel und Haarteilen lässt sich einfacher, aber ebenso wirkungsvoll, haltbar und fantasievoll die passende Haarpracht gestalten. Auswaschbares farbiges Haarspray verwandelt den Blondschopf in eine schwarze Mähne oder setzt farbige Akzente in Blau, Rot, Grün. Diese Farbsprays sollte man rechtzeitig zur Faschingszeit einkaufen.

Ein angeklebter Bart hat ebenso seine Tücken und verunsichert den Spieler. Er verrutscht leicht, klebt nicht richtig oder kitzelt in der Nase. Kleine Bärte besser aufmalen. Für die langen Bärte von Zwergen und Zauberern nach einem Material suchen, das sich auf der Haut angenehm anfühlt, z. B. Webpelz oder Füllwatte. Dies kann man mit Textilkleber auf ein Stück Stoff aufkleben. Ein Rundgummi hält es über den Ohren.

Kostüme für Tiere

Tiergewänder sollte man zurückhaltend und wenig aufwändig gestalten. Ein „Bär“ braucht kein warmes Bärenfell und muss auch keinen Pelzmantel anziehen. Das kann im Bühnenlicht sehr warm werden.

- Weiße Baumwoll-T-Shirts lassen sich hervorragend mit Stofffarbe einfärben und mit wenigen Zutaten verwandeln. Hinzu kommt eine farblich passende Legging.
- Einfache weiße Baumwollhandschuhe sind im Faschingsbedarf oder in der Haushaltsabteilung erhältlich. Sie werden eingefärbt und mit angeklebten oder angenähten Papp- oder Filzteilen an den Fingerspitzen in Tierpfoten verwandelt.
- Wunderbare Froschhände gibt es, wenn kleine Wattekugeln in die Fingerspitzen von grünen Plastikhandschuhen gesteckt werden.
- Als Kopfbedeckung eine schlichte, einfarbige Wollmütze nehmen oder von einer farbigen Schildkappe den Schirm abtrennen und Ohren oder Hörner aus Stoff aufnähen. Schnäbel aus dickem Filz ebenfalls an eine Schildkappe ankleben und von der Stirn bis über die Nase herunterragen lassen. Eventuell den Filz doppelt nehmen und innen mit Draht verstärken, damit er gut absteht. Ohren aus dickem oder mehrlagigem Filz lassen sich gut an Haarreifen anbringen.

Textilkleber aus der Kurzwarenabteilung hält besser als Alleskleber.

- Vielseitig einsetzbar sind die weißen Maleranzüge aus dem Baumarkt, Sie lassen sich gut bemalen, bekleben und zuschneiden.
- In diesen Märkten finden sich auch einfache Regenumhänge. Durch Einschnitte mit der Zickzackschere und Bemalung verwandeln sie sich in ein lustiges Vogelkostüm.

Kostümierung der übrigen Mitspieler

Die beteiligten Musiker sollten ebenfalls einheitlich im Stil oder in der Farbe gekleidet sein, z. B. schwarz, blau oder gleichmäßig zweifarbig angezogen. Programmverkäufer oder Platzanweiser sind durch einheitliche Kleidung als Mitglieder der Gruppe erkennbar.

Besteht die Theatergruppe länger, kann sie sich einen Namen geben, ein Logo entwerfen und damit T-Shirts bedrucken lassen.

Tipps für die Aufführung

- Bei einer Aufführung Sicherheitsnadeln griffbereit haben, damit schnell ein Riss oder ein rutschendes Teil „repariert" werden kann.
- Jedes Kind hat in der Garderobe seinen „Kleiderbügel" auf dem sein Kostüm hängt. Zutaten in einen Turnbeutel stecken und mit aufhängen.
- Zu guter Letzt noch ein Augenmerk auf eine nicht unwesentliche Kleinigkeit: Persönliche Schmuckstücke und Uhren, die nicht zum Kostüm gehören, ablegen. Ein Tiger mit Uhr am Handgelenk sieht nicht professionell aus. Professionalität sollten wir auch beim Theaterspielen mit Kindern anstreben.

Schminken

Die meisten Kinder schminken sich gerne. Jungen sind häufig weniger davon begeistert. Wenn ihnen die Wirkung erläutert wird, können sie es verstehen und sind eher dazu bereit: Um den Unterschied zu verdeutlichen, zeigen Sie den Kindern, wie ein geschminktes und ein ungeschminktes Gesicht im Bühnenlicht wirkt.

- Kinder nicht zu einem vollkommen geschminkten Gesicht zwingen. Ein paar Striche mit dem Kajalstift ergeben oft ebenfalls die gewünschte Wirkung.
- Die Kinder können sich nach einer Einführung und etwas Übung gegenseitig schminken.

Die Kinder können als Vorlage ein Bild vom Gesicht ihrer Figur malen, um eigene Vorstellungen über ihr Aussehen mit einbringen zu können.

Der „Schminkkoffer"

Für den Anfang genügen Schminkutensilien, die fast jeder daheim hat: Puder, Rouge, Kajalstift, Lidschatten und Lippenstift. Manchmal sind mit etwas Glück in Kosmetikgeschäften auslaufende Farben und Muster kostengünstiger oder umsonst zu bekommen.
Wer es professioneller möchte, hat die Wahl zwischen Fett- und Wasserschminke. Beides hat Vor- und Nachteile. Bei der Wahl bedenken, dass es Kinder gibt, die eine Allergie in Bezug auf einen Anteilstoff haben könnten. Die heutzutage erhältliche Theaterschminke ist hautfreundlich und allergiegetestet.

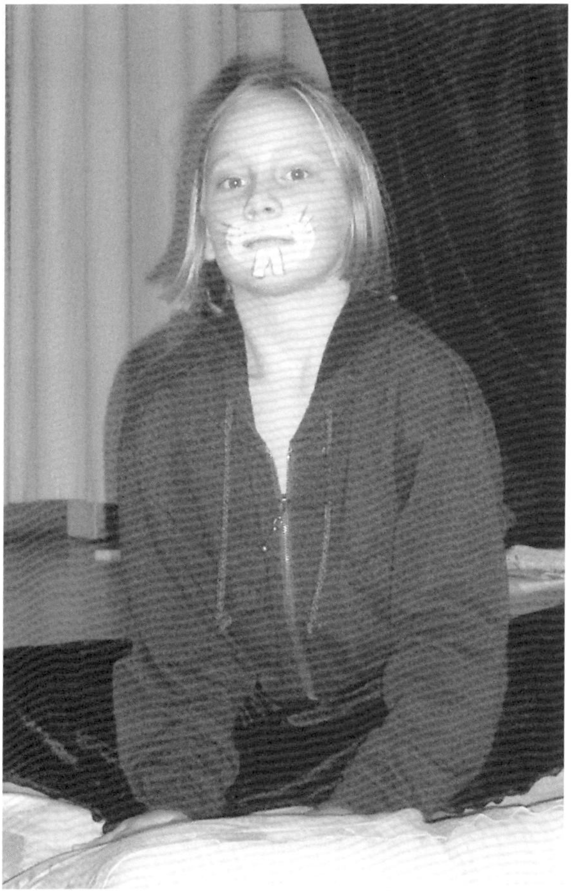

Beide Sorten sind in Form eines Wasserfarbenkastens in kleinen Döschen erhältlich. Im normalen Handel gibt es eine Zusammenstellung vor allem mit kräftigen bunten Farben. Eine Mischung von hautfarbenen Tönen ist im Fachhandel erhältlich. Empfehlenswert sind verschiedene hautfarbenen Töne, weiß für den Clown, Farben für verschiedene Tiere (grün, braun, gelb) und Lidschattentöne (grün, blau, violett).
Die Ausstattung wird abgerundet mit Konturen- und Kajalstifte für feine Linien und Lippenstifte.

Wasserschminke
Sie ist in vielen intensiven Farbtönen erhältlich. Mit ihr lassen sich vor allem wunderbare Tiermasken schminken. Wasserschminke ist gut mit dem Pinsel aufzutragen und erlaubt das Zeichnen feiner Linien. Nach der Vorstellung lässt sie sich mit Wasser und Seife abwaschen. Flecken in der Kleidung verschwinden gut beim Waschen. Wasserschminke trocknet auf der Haut aus, so dass größere Flächen, z. B. bei einem weiß geschminkten Clownsgesicht mit der Zeit unangenehm spannen können bzw. abbröseln.

Fettschminke
Fettschminke fühlt sich auf der Haut natürlicher an und hält besser, wenn man im Scheinwerferlicht ins Schwitzen kommt. Die Farbauswahl ist ebenfalls groß. Sie ist nicht wischfest, darum muss das Gesicht abschließend abgepudert werden.
Fettschminke lässt sich mit einem kleinen, weichen Schaumstoffstück gleichmäßig auftragen. Wenig Farbe mehrmals auftragen und dazwischen die Wirkung überprüfen. Das Gesicht abschminken, in dem es mit Reinigungsmilch oder einer flüssige Hautcreme eingerieben und mit Papiertüchern abgewischt wird. Starkes Reiben reizt die Haut. Blaue oder grüne Töne hinterlassen kurzzeitig Spuren in der Haut.

- Grundsätzlich ist zu empfehlen, sich eine gute, farbintensive und hautverträgliche Schminke zu kaufen. Die im Handel erhältliche einfache Faschingsschminke ist zwar billiger, aber sie enttäuscht in der Wirkung und in ihren Möglichkeiten.
- Gute Schminke ist erhältlich bei den Firmen „pappnase“ oder „kryolan“ (Adressen siehe Seite 173).

In der „Garderobe“

Unweit vom Aufführungsort ist die Garderobe zum Umziehen eingerichtet. Der Schminkplatz ist gut beleuchtet und hat natürlich einen Spiegel. Die Kinder sollen ihre spannende und eventuell ungewohnte „Verwandlung“ verfolgen dürfen.
Vor dem Schminken ziehen die Kinder bereits die Kleidung, die über den Kopf angezogen werden muss, an. Das Kostüm mit einem Tuch abdecken, weil immer etwas herunterfallen könnte. Es wäre schade, wenn ein Fleck auf das Kleid kommt. Das könnte Tränen geben!
Mit Haargummis und Haarklammern die Haare zurückbinden und das Gesicht frei legen.

Einige Tipps für die entsprechende Wirkung beim Schminken

- Lieber etwas mehr und kräftigere, dunklere Farbtöne auftragen. Das erhöht die Wirkung im Licht und lässt das Gesicht lebendiger wirken.
- Helle Farbtöne werden dort aufgetragen, wo etwas optisch hervorgehoben werden soll. Die dunklen Töne lassen eine Partie zurücktreten.
- In diesem Sinne wird das Gesicht schattiert, um es plastischer erscheinen zu lassen.
  Ein hagerer Zauberer kann z. B. um die Mundwinkel und am Kiefer dunklere Stellen bekommen, damit das Gesicht länger aussieht.
  Eine pausbäckige Gretel bekommt eine hellere Grundfarbe und rote Wangen.
- Zahnschwarz ist bei bestimmten Figuren sehr wirkungsvoll.
- Zusätzliche Effekte mit „Nasenkitt", eine Modelliermasse, mit der z. B. die Nasenform verändert werden kann oder Warzen aufgelegt werden können, sind zwar reizvoll, aber aufwändig.

Der Aufführungsort

Der Spielort soll mit all seinen Gegebenheiten und Möglichkeiten zur Gruppe und zum Stück passen. Der Aufführungsort braucht eine Bühne oder ein Podest für das Spiel, optimale Sitzmöglichkeiten für die Zuschauer, eine Beleuchtung, die „alles in das rechte Licht rückt" und einen Vorhang, der Spielbeginn und -ende signalisiert.

Der Aufführungsort teilt sich in einen Bereich, in dem sich die Zuschauer befinden, und in einen Bereich, in dem das Stück gezeigt wird. Die Gestaltung richtet sich nach:

- den Gegebenheiten vor Ort,
- der Anzahl der geplanten Zuschauer, damit diese gut sitzen, gut sehen und gut hören können,
- den möglichst optimalen Bedingungen für die Aufführung: Ausreichend Platz für die Auftritte, Aufbewahrungsort für Kulissen und Requisiten, Umkleidemöglichkeiten, Aufenthaltsbereich für die Schauspieler.

Der Raum sollte so groß sein, dass die Kinder ihn stimmlich füllen können. Sie dürfen nicht schreien müssen, damit die letzte Reihe noch etwas versteht. Lieber die Zuschauerzahl begrenzen!
Die räumliche Distanz zwischen Publikum und Spieler darf nicht zu groß sein, damit das Spiel die Zuschauer sozusagen noch „erreicht".
Die atmosphärisch passende Dekoration des Zuschauerraumes trägt ebenfalls zu einer gelungenen Aufführung bei. Ein paar Tücher, ein altes Sofa und unterschiedliche Stühle verwandeln einen schlichten Raum in einen Theatersaal. Einige Liegestühle und Sonnenschirme entführen die Zuschauer in die Atmosphäre eines Sommerstückes.
Wenn der Aufführungsort schon vorher bekannt ist, empfiehlt es sich, ihn nach seinen Gegebenheiten anzusehen und das Stück so zu inszenieren, dass es die Möglichkeiten des Raumes optimal ausnützt.

Wo noch gespielt werden kann

Eine Theateraufführung von Kindern ist immer eine wertzuschätzende Darbietung und nicht nur eine Belustigung.

- Ein Spielort im Freien muss gut gewählt sein. Er soll Spielern und Zuschauern Ruhe und Konzentration bieten, um das Dargebotene genießen zu können. Weder die Zuschauer, noch die Spieler sollten vom Sonnenlicht geblendet werden. Ein Ausweichraum für schlechtes Wetter sollte vorhanden sein.
- Für Aufführungen im Rahmen eines Sommerfests ist es besser, die Interessierten für diese Zeit in einen Raum zu bitten. Klapperndes Kaffeegeschirr und anhaltende Gespräche im Hintergrund sind unfair gegenüber den Schauspielern.
- Eine Aufführung an einem ungewöhnlichen Ort kann spannend sein, ist jedoch nicht immer ideal. Er sollte zumindest einen gewissen Schutzraum bieten. Ein Spiel vor Laufpublikum in der Fußgängerzone wird meist der Anstrengung nicht gerecht und nimmt die Vorführung nicht ernst.

Verdunkeln

Die Konzentration auf das Spielgeschehen und die Wirkung vom Lichteinsatz ist größer, wenn der Raum verdunkelt werden kann. Wenn die Voraussetzungen dafür fehlen, können die Fenster mit schwarzer Teichfolie zugeklebt werden. Diese Folie ist haltbarer als Fotokarton und kann besser in der entsprechenden Größe und Form zugeschnitten werden. Damit die Fenster in der Pause zum Lüften geöffnet werden können, sollte man nur die Glasfläche verhängen.

Bühnenformen

Es gibt verschieden Möglichkeiten der Anordnung von Spielraum und Zuschauerplätzen. Die Wahl richtet sich nach dem Stück und den Fähigkeiten der Gruppe.

Guckkastenbühne
Dies ist die gebräuchlichste Form. Die Rückwand der Bühne ist eine Stellwand oder ein Vorhang. Die Spieler sitzen rechts und links vom Spielraum. Die Zuschauer sitzen davor in geraden oder Halbkreisreihen.

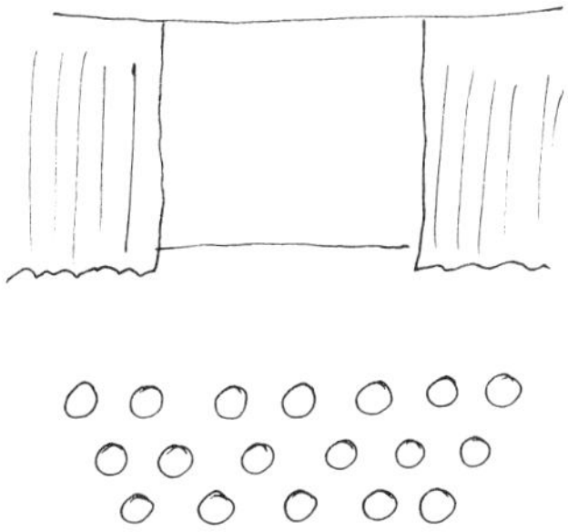

Mittelbühne
Die Bühne ist mitten im Raum und das Publikum nimmt außen herum Platz. Für Kinder ist diese Bühnenart schwer zu bespielen. Alle Schauspieler sind ständig in Beobachtung, weil es keinen Rückzugsraum gibt. Das Spiel geht in alle Richtungen. Eine klare Spielrichtung fehlt.

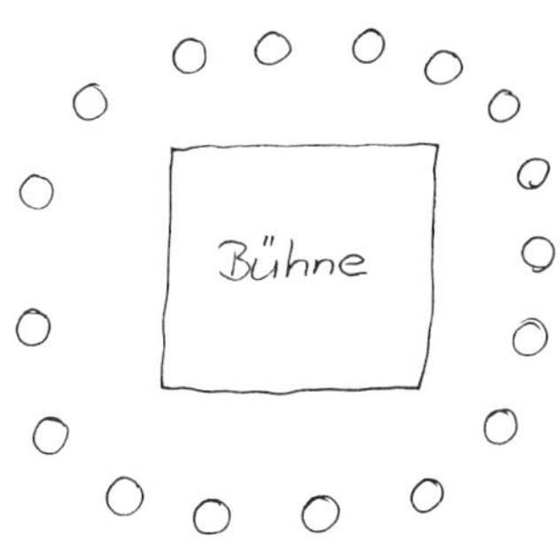

Parallelbühne
Es sind zwei Bühnen im Raum aufgebaut, die jeweils eine Kulisse für eine Szene darstellen. Je nach Größe des Raumes liegen diese nebeneinander vor dem Publikum, oder das Publikum muss sich umdrehen. Im letzteren Fall sind Sitzgelegenheiten ohne Rückenlehne von Vorteil, um sich schneller umdrehen zu können.

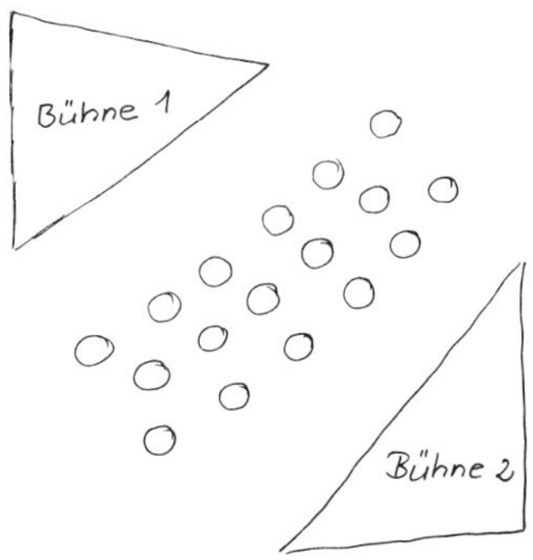

„Wanderbühne"
Die Aufführungsorte befinden sich an verschiedenen Stellen im Haus oder auf dem Gelände. Das Publikum läuft zu den jeweiligen Plätzen mit. Die Eigenheiten des jeweiligen Spielortes werden in die Szene eingebaut. Die Zuschauer sind in Bewegung und es steht jeder Mal vorne oder hinten. Der Gang von einem Ort zum anderen kann viel Zeit in Anspruch nehmen und die Vorführung in die Länge ziehen.

Die Zuschauerplätze

Die Zuschauer sollen das Geschehen auf der Bühne von allen Plätzen ohne körperliche Verrenkungen optisch und akustisch gut verfolgen können. Es ist kein Genuss, nur die Hälfte zu sehen oder zu verstehen. Zuschauer, die zum Sehen aufstehen müssen, verdecken den hinter ihnen Sitzenden die Sicht. Zuschauer, die schlecht sitzen, werden unruhig und stören damit das Spiel auf der Bühne.

- Sitzreihen in verschiedenen Höhen aufbauen. Vorne kleine Stühle oder Matten, dann normale Stühle und hinten eine Reihe Tische. Stühle versetzt aufbauen, damit dazwischen ein Durchsehen möglich ist. Sitzreihen nicht zu eng aufstellen, damit die Knie Bewegungsfreiheit haben. Bierbänke für angenehmes Sitzen mit Decken polstern.
- Nur Mut, gleich am Eingang zu regeln, dass größere Besucher weiter hinten oder an der Seite Platz nehmen sollen. Kinder sitzen vorne auf einer Matte oder kleinen Bänken. Kleinere Kinder, die nicht allein sitzen möchten, mit ihren Eltern am Rand in den vorderen Reihen, platzieren.
- Testen, ob die Kinder vorne am Boden über die Bühnenerhöhung sehen können. Sonst nehmen die Kinder in der ersten Stuhlreihe Platz.

Die Bühne

Die Bühne ist ein vom übrigen Raum abgetrennter, erhöhter Standort. Schon ab der dritten Stuhlreihe ist bei ebenerdigem Spiel das Sehen sehr eingeschränkt. Für ein fehlendes Podest lässt sich mit einfachen Mitteln Ersatzlösungen finden:

- Stabile Tische werden zu einer ausreichend großen Fläche zusammengestellt und mit Schraubzwingen haltbar verbunden. Die Vorderseite wird mit einem schwarzen Tuch verhängt. Über eine seitlich angebrachte stabile, kleine Leiter kommen die Kinder auf die Spielfläche.

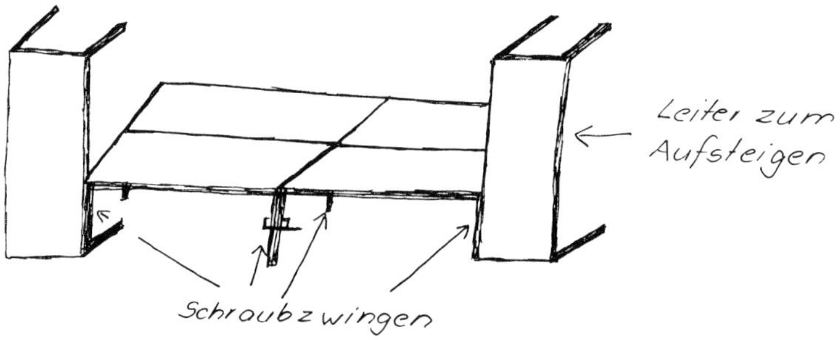

- Ein niederes Podest entsteht, wenn dicke, große Holzplatten (leider nicht ganz billig) als Spielfläche auf eine ausreichende Anzahl von Getränkekisten gelegt werden.
- Die Bühne rundum mit schwarzem Tuch verhängen (doppelseitiges Klebeband verwenden).
- Rechts und links der erhöhten Bühne sorgt ein hochkant gestellter Tisch oder ein Paravant dafür, dass der Einblick in das Geschehen hinter der Kulisse verborgen bleibt.

Die Größe der Bühne ist der Anzahl der Kinder und dem Bedarf im Spiel angepasst. Die Kinder brauchen Bewegungs- und Spielfreiheit, dürfen jedoch auf einer zu großen Bühne nicht „verschwinden". Eine zu große Bühne wird mit Kulissenteilen oder Vorhängen optisch verkleinert.
Unweit der Bühne braucht es Platz oder Nebenräume zum Umziehen und die Möglichkeit, Kulissen und Requisiten bis zum Gebrauch liegen zu lassen.

Der Bühnenhintergrund

Der Bühnenhintergrund besteht entweder aus einer gemalten Kulisse oder aus einem möglichst einfarbigen Stoff. Selbst bei einem improvisierten Aufführungsort sollte man nicht vor der normalen Wand oder Tapete spielen! Ein frei stehender Hintergrund bietet zudem die Möglichkeit, dahinter ungesehen von einer Bühnenseite zur anderen zu kommen.
Der Hintergrundvorhang wird auf eine Querstange aufgezogen. Die Querstangen sollten stabil sein und nicht durchhängen. Bewährt haben sich Zeltstangen, z. B. von einem alten Hauszelt. Sie lassen sich leicht zerlegen und so einfacher transportieren und aufbewahren.

- Die Stange liegt auf zwei Stativen. Diese haben oben ein U-förmiges Metallteil mit einer Öffnung, durch das die Stange geschoben wird. Durch beide Enden der Stange ist ein Loch gebohrt, mit Hilfe eines Kabelbinders kann sie gegen Verrutschen gesichert werden. Gute Stative sind teuer. Sie lassen sich mit etwas Glück gebraucht auf einer Fotobörse erwerben.
- Auch Kartenständer sind als Stangenhalter gut einsetzbar.

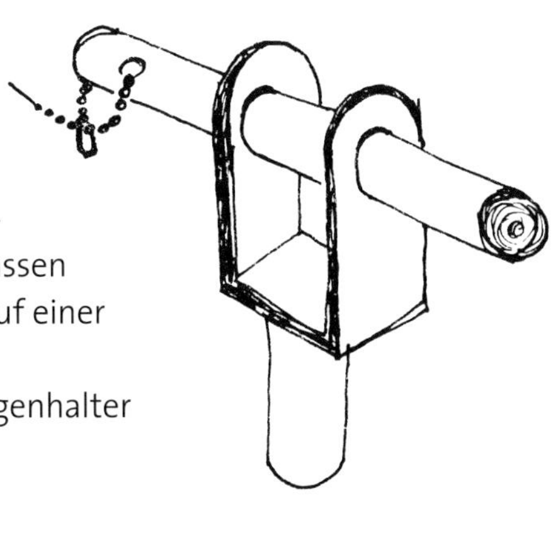

- Die Stange kann auf zwei hochkant gestellten Tischen oder zwei Paravants aufgelegt werden. Mit kräftigem Klebeband unbedingt gegen Verrutschen sichern!

Auf- und Abgänge

Jede Figur hat einen Weg auf die Bühne und wieder hinunter. Es gibt je nach Raumbedingungen verschiedene Möglichkeiten:

- Die Kinder treten rechts und links von der Bühne auf und ab.
- Eine Tür im Raum wird in das Kommen und Gehen eingebaut.
- Der Auftritt erfolgt durch das Publikum.

Garderobe und Sitzplatz der Schauspieler

Die Kinder möchten in ihrer Auftrittspause gern das Spiel auf der Bühne ansehen. Ihr fester Sitzplatz beim Warten sollte so liegen, dass sie das Geschehen verfolgen können, ohne Auf- und Abgänge zu stören. Möglicherweise ist rechts und links von der Bühne dazu Platz.
Müssen die Akteure in einem Nebenraum warten, fehlt eine konzentrierte Vorbereitung auf den eigenen Auftritt und die Möglichkeit, das aktuelle Bühnengeschehen zu verfolgen.

Beleuchtung

Eine gute Beleuchtung rückt das Spiel in das „rechte Licht" und hat mehr Wirkung als eine Aufführung bei Tageslicht. Sie grenzt den Aufführungsort gegenüber dem Zuschauerraum ab. Das Licht lenkt die Aufmerksamkeit auf das Spiel. So können sich Spieler und Besucher darauf einstellen.
Ein Beleuchtungsplan enthält alle geplanten Lichteinstellungen. Er darf nicht zu kompliziert sein, um ihn während der Vorstellung auch umsetzen zu können. Ein Kind kann die Rolle des Beleuchters übernehmen. Die Einstellung der Lichter wird genauso getestet, durchgesprochen und geprobt wie das Spiel.

Nicht jeder Spielort bietet von vornherein eine Beleuchtungsausstattung. Es gibt einfache Möglichkeiten, Licht auf die Bühne zu zaubern.

- Bauscheinwerfer:
  In Baumärkten gibt es immer wieder Sonderangebote für Scheinwerfer, sogar mit Stativen. Die Stative sind meist gelb. Sie lassen sich mit Metallfarbe rasch in ein unauffälligeres Schwarz umgestalten.

Es genügen zwei Scheinwerfer, die rechts und links relativ nah an der Bühne stehen.

- Dia- und Overheadprojektor:
  Mit ihnen lässt sich die Bühne ebenfalls erhellen. Allerdings haben sie nur einen begrenzten Lichtbereich.
- Zusätzliche Lichtquellen:
  Taschenlampen lassen sich an entsprechenden Stellen hervorragend einsetzen. Bei einer Szene auf einem Dachboden oder im Keller können die Kinder die Lampe tragen und den Raum geheimnisvoll ausleuchten. Das Licht wird Teil des Spiels.
  Steh- und Tischlampen können ebenso direkt auf der Bühne verwendet werden, um eine bestimmt Atmosphäre zu erzeugen.

Eine gute Ausleuchtung ist wichtig!
Ideal ist Licht, das die Bühne schräg von vorn oben bzw. unten ausleuchtet. Normales weißes Licht ist ausreichend. Farbiges Licht wirkt leicht kitschig und sollte nur in den passenden Szenen verwendet werden. Ein Traum in gelbem Ton oder eine Szene unter Wasser in blau oder grün wirkt fantastisch.

- Die Beleuchtung so ausrichten, dass die Zuschauer nicht geblendet werden. Eventuell vor die Scheinwerfer einen hochkant gestellten Tisch oder einen Paravant stellen.

Zur Sicherheit!
Alle Kabel müssen so verlegt werden, dass weder Zuschauer noch Spieler darüber stolpern können. Es empfiehlt sich, ausreichend Verlängerungskabel zu organisieren, damit sie außen um den Spielort herumgeführt werden können. Schwarze Verlängerungskabel sehen besser aus als weiße oder orange!
Kabel im „Laufbereich" mit einem Stück schwerem schwarzen Teppichboden oder einem Autoteppich abdecken.

Vorhang auf!

Der Vorhang ist die „Trennungslinie" zwischen Zuschauer- und Spielbereich. Das Aufgehen des Vorhangs ist das Zeichen für den Beginn des Spiels auf der Bühne. Die Gespräche im Zuschauerraum verstummen und die erste Figur tritt auf.
Nicht jeder Spielort hat einen geeigneten Vorhang. Manche große Bühne im Mehrzweckraum hat einen so schwer beweglichen Vorhang, dass es besser

ist, diesen nur zu Beginn und am Ende einzusetzen. Bei Szenenwechsel oder zum Umbau sollte man Alternativen wählen:

Kinder als Vorhangträger

Ein Vorhang kann von zwei Kindern bedient werden, die im entsprechenden Moment mit einem ausreichend großen, nicht zu leichten Stück Stoff den Blick auf die Bühne versperren. Der Stoff wird auf eine entsprechend lange Stange gezogen. Dieses wird von den beiden rechts und links stehenden Kindern hochgezogen, bzw. abgelegt.

Die Rolle dieser „Vorhangträger" wird ebenfalls einstudiert und in das Spiel integriert. Sie sorgen nicht nur dafür, dass der Umbau nicht gesehen wird, sondern sie können das Geschehen kommentieren. Der Vorhang kann sich passend zum Akt dramatisch öffnen und schließen oder aufrollen. Er kann erschreckt fallen gelassen werden, die Vorhangträger können verschlafen und werden von einem Schauspieler aufgefordert, endlich ihrer Pflicht nach zu kommen.

Die Kinder, die den Vorhang halten, sollten groß genug und kräftig sein. Sie müssen eine ganze Weile die Arme oben halten können. Wenn nötig, kann die Stange auf zwei hochkant gestellten Tischen abgelegt werden.

Wenn es nicht möglich ist, mit dem Öffnen des Vorhangs den Beginn zu signalisieren, wird mit Licht gearbeitet. Das Licht im Zuschauerbereich wird gelöscht und umgekehrt wird es auf der Bühne eingeschaltet. Rasch, ruhig und gut organisiert wird die Bühne abgeräumt und für die nächste Szene vorbereitet.

Requisiten und Kulissen

Zum Bühnenbild gehören Kulissen und Requisiten. Beides erhöht beim Zuschauer die Illusion, täuscht den Raum vor, in dem das Spiel stattfindet, und sorgt für Atmosphäre.

Kulissen und Requisiten ergänzen das Spiel der Kinder. Wenige eindeutige Teile haben eine eindrucksvollere Wirkung als eine überladene Bühne. In der Fantasie kann der Zuschauer das angedeutete Bild ergänzen.

Wenn zuviel abgeräumt und aufgestellt werden muss, kann leicht etwas vergessen werden. Üppige Aufbauten und reichliches Zubehör benötigen hinter der Bühne Platz zum Abstellen. Außerdem bremsen längere Auf- und

Abbauzeit den Spielfluss. Die Umbauzeiten so gering wie möglich halten, damit Zuschauer und Kinder nicht unruhig werden und die Konzentration verlieren.

- Notwendige längere Umbauzeiten lassen sich mit dem Auftritt einer Figur vor dem Vorhang überbrücken, die eine passende Geschichte erzählt oder ein Lied vorträgt. An dieser Stelle kann auch die Pause eingeplant werden.
- Die Ausstattung sinnvoll zusammenstellen und Überflüssiges weglassen. Ein bewusster Stilmix kann reizvoll sein, ebenso sollten bestimmte Epochen möglichst stilecht zusammengestellt sein.
- Die Wirkung vom Bühnenbild immer von Weitem prüfen. Von Nahem sind die Dimensionen anders.

Kulissen

Kulissen sind bewegliche Dekorationsteile an der Rückwand oder an der Bühnenseite. Dreidimensionale Aufbauten wirken besser als zweidimensionale Malerei. Eine gemalte Waldlandschaft auf mehreren aneinander genähten Leintüchern kann plump aussehen. Einzelne Bäume auf Pappe wirken besser und betonen durch versetztes Aufstellen die Raumtiefe.

„Gespielte Kulisse“

Diese „Kulisse“ ist eine Illusion, die für den Zuschauer durch die Art des Spielens „sichtbar“ wird.
Beispiel: Die Kinder gehen wie auf einem Waldboden. Ihr Körperausdruck verrät, dass sie die Luft riechen, die Vögel hören, die Bäume sehen und die Sonnenstrahlen spüren.

Karton-Kulisse

Die Kulisse besteht aus vielen unterschiedlich großen Kartons. Sie verwandeln im Spiel das Bühnenbild durch Umstellen und neue Zuordnung.

Requisiten

Dieses Bühnenzubehör sollte nicht zu klein gewählt sein, damit die einzelnen Gegenstände aus größerer Entfernung für die Zuschauer noch sichtbar sind. Requisiten müssen keine Originalgröße haben. Es kann sehr interessant wirken, wenn etwas größer als in natura dargestellt und verwendet wird. Kinder lieben es in der Regel eher realitätsgetreu. Eine konkrete Umsetzung kann zu komplizierten Aufbauten führen. Sammeln Sie daher mit den Kin-

dern Alternativen, wie manche Dinge angedeutet oder einfach gestaltet werden können.
Requisiten können reale Objekte sein. (Echte Messer oder Säbel sollten selbstverständlich nicht verwendet werden.) Reizvoller ist es, wenn die Kinder diese Gegenstände selbst darstellen.

Das „lebende Buch“
Für eine Szene in einer Bibliothek müssen nicht unbedingt Regale voller Bücher auf die Bühne geschoben werden, sondern die Kinder verwandeln sich in ein Buch. Wenn sie zum Lesen geöffnet werden, rezitieren sie laut den Text aus dem Inhalt. Das Gewand ist ein quer genommenes Leintuch, das wie ein Umhang über den Schultern und den ausgestreckten Armen liegt. Beide Enden werden festgehalten.

Die Arme sind nach vorne gerichtet und das „Buch“ öffnet sich zum „Lesen“ seitwärts. Außen und innen ist das Leintuch entsprechend dem Buchtitel gestaltet.

Ein „verrücktes“ Regal
Ein Kaufladenregal kann von mehreren Kindern gespielt werden. Die Hände vor dem Körper mit der Handfläche nach oben halten. Darauf stellt die Verkäuferin ihre Ware ab. Das Regal kann lebendig werden und die Hand zurückziehen, damit Dinge auf den Boden fallen. Oder das Regal „wandert“ im Laden.

Flohmarkt als Quelle
Man sollte generell frühzeitig anfangen, Requisiten zu sammeln. Wer mit offenen Augen über einen Flohmarkt geht, findet bestimmt manches Schmuckstück.

Wichtige Aufgaben rund um die Aufführung

Ein Theaterprojekt ist ein Gemeinschaftswerk, in dem die vorhandenen Talente genutzt werden und die Aufgaben gleichmäßig verteilt sein sollten. Die Mitarbeit von Erwachsenen kann hilfreich sein.
Es gibt für jedes Kind eine wichtige Funktion. Es muss nicht immer das Spielen auf den „Brettern, die die Welt bedeuten“ sein. Rund um die Aufführung werden fleißige Hände und wertvolle Ideen gebraucht. Viele dieser Jobs sind nicht gleich erkennbar, aber sie tragen alle zum Gelingen bei. Eine gelungene Aufführung und der verdiente Applaus sind der Höhepunkt und der vorläufige Schlusspunkt einer intensiven Zusammenarbeit. Gut vorbereitet hält sich der Stress in Grenzen. Das schließt nicht aus, dass es im Vorfeld eine Zeit gibt, in der am Erfolg des Projektes gezweifelt wird. Bestimmt gibt es jemand in der Gruppe, der optimistisch über ein Tief hinweghilft.

Bühnenhelfer

Handwerker
Malersaal, Schreinerei und Schneiderei sind Bereiche, in denen viele Kinder und Erwachsene zupacken können. Ihre Hauptarbeit liegt im Vorfeld der Aufführung.

Musiker
Sie begleiten das Spiel auf der Bühne mit Lifemusik.

Beleuchter
Er rückt das Spiel auf der Bühne „ins rechte Licht" und schafft mit Extralicht besondere Effekte.

Vorhangzieher
Sie eröffnen und beschließen die Szene und das Spiel.

Masken- und Kostümbildner
Sie sind verantwortlich für das Aussehen der Schauspieler auf der Bühne und beim Ankleiden und Schminken behilflich.

Tonmeister
Er sorgt für die richtige Musik von der CD im rechten Moment sowie für Geräusche und Effekte. Letztere sind nicht sichtbar, dafür sollten sie umso hörbarer sein und die Szene untermalen. Ein Gewitter ohne Blitz und Donner ist kaum wirkungsvoll. Der Donner entsteht durch das rasche Bewegen eines Bleches. Blitze lassen sich mit Hilfe eines Fotoapparates simulieren. Die benötigten Musikstücke sollte man vorher auf einer CD zusammenstellen und nicht einzeln heraussuchen.

Souffleuse
Sie sitzt neben der Bühne und hilft weiter, wenn der Text ins Stocken gerät. Vorher klären, ob ein Stichwort oder ein ganzer Satz eingesagt werden soll.

Wichtig:

- Alle Beteiligten haben einen Plan, der die Szenenfolge, die Auftritte und die jeweiligen Aufgaben enthält.

Werbung und Öffentlichkeitsarbeit

Eine öffentliche Aufführung ohne einen bestimmten Anlass braucht intensive Werbung. Etwa zwei bis drei Wochen vorher sollte man gründlich die Werbetrommel rühren und den Termin für die Aufführung in der Tageszeitung, im Gemeindeblatt oder Stadtteilanzeiger ankündigen.
Eine Einladung an die Presse für die Premiere ist gut zu bedenken. Ein wertschätzender Artikel ist ein Ansporn für die Weiterarbeit und eine gute Öffentlichkeitsarbeit, eine negative Kritik darf nicht entmutigen.

- Plakate mit Computertext gestalten und eventuell mit einer Zeichnung von den Kindern. Die wichtigsten Informationen sollten gut lesbar sein: Was? Wer? Wo? Wann?

Kurz vor der Aufführung

Alle Beteiligten treffen sich rechtzeitig und pünktlich etwa 60 bis 90 Minuten vor Beginn der Aufführung. Ein zu früher Treffpunkt steigert unnötigerweise die Nervosität. Einen kleinen zeitlichen „Puffer" einbauen, falls jemand sich verspätet.
Die vereinbarte Zeit sollte ausreichen

- zum Einkleiden und Schminken,
- für ein eventuell gemeinsames Einsingen
- zur gemeinsamen Einstimmung.

Idealerweise hat jeder gleich nach der Generalprobe alles schon griffbereit zurechtgelegt. Der Spielleiter vergewissert sich, dass alle Kinder die benötigten Utensilien am rechten Ort liegen haben.

Lampenfieber

Das Kribbeln im Bauch vor dem ersten Auftritt gehört dazu, wie das Salz in der Suppe. Ein bisschen „Schmetterlinge im Bauch" erhöht die Spannung und die Vorfreude. Jedes Kind hat seine eigene Art, damit umzugehen. Einige „drehen" auf und bringen Unruhe hinter die Bühne. Andere bleiben ruhig und ziehen sich in einen Winkel zurück. Manche haben hunderttausend Fragen und den Text vergessen. Sie alle möchten Aufmerksamkeit bekommen. Das Lampenfieber sollte man nicht überbewerten, aber ernst nehmen und nicht herunterspielen. Der Spielleiter muss ruhig bleiben und angemessen reagieren. Ermahnungen helfen nichts.

- Den Kindern sagen, dass die Aufregung nach den ersten Minuten auf der Bühne verflogen ist. Ein gemeinsames Spiel z. B. „Zublinzeln" bietet Ablenkung.
- Kurz vor dem Auftritt stärkt man sich gegenseitig mit einem herzlichen „toi-toi-toi" und dreimal auf die Schulter „gespuckt".
- Ein Maskottchen kann das Lampenfieber mittragen helfen.

Das „Mutmach-Ritual"

Alle Beteiligten stehen im Kreis und halten sich an den Händen. Sie schließen die Augen und stellen sich ihren ersten Auftritt, ihre erste Handlung und ihre ersten Worte vor. Dreimal tief und bewusst atmen. Augen wieder öffnen und nach rechts und links einen herzlichen Händedruck weitergeben. Nach dieser Konzentrationsübung alle privaten Gespräche unterlassen.

Zuständigkeiten

Hinter und vor der Bühne müssen alle Zuständigkeiten abgesprochen sein. Der Spielleiter ist das verbindende Element und sollte den Überblick behalten.

- Eltern bieten gerne ihre Hilfe an. Meist sind sie selbst aufgeregt, wenn ihr Kind auf der Bühne steht. Sie sollten die Aufführung lieber als Zuschauer genießen.

Fotografieren

Vor einer Aufführung sollte geklärt sein, wer eine Videoaufnahme und Fotos machen darf, damit nicht zu viele Fotografen den Blick auf die Bühne versperren. Das Blitzlichtgewitter stört die Konzentration der Kinder und der Zuschauer.

Einlass

Rechtzeitig ist zu vereinbaren, wer die Tür öffnet und das Publikum am Eingang herzlich begrüßt. Es genügt, die Zuschauer etwa 15 Minuten vorher einzulassen. Wartende Kinder werden sonst zu unruhig.

Begrüßung und Ansagen

Der Spielleiter kann vorweg das Publikum begrüßen und eventuell etwas zur Entstehungsgeschichte des Stückes erzählen. Bei einer solchen Rede die Leistung der Kinder nicht schmälern, indem beispielsweise formuliert wird, dass sie eigentlich keine richtigen Schauspieler sind und trotzdem ihre Sache gut gemacht haben.

- Die Begrüßung kann in das Theaterstück integriert sein. Eine Figur daraus tritt auf und heißt die Zuschauer willkommen.
- Kinder die eine Ansage machen, schlüpfen in eine Rolle, aus der heraus sie agieren. Eine Pause kann angekündigt werden durch ein „durstiges“ Kind auf der Suche nach den Getränken.

Während des Spiels

Spätestens wenn der Vorhang aufgeht, darf hinter der Bühne nicht mehr getuschelt werden, weil das im Zuschauerbereich gehört werden kann.

Pannenhilfe

Pannen kommen vor und sind kein Beinbruch! Es kommt nur darauf an, wie souverän darüber hinweggespielt wird. Eine gute Vorbereitung macht sich hier bemerkbar.

- Text vergessen oder vor lauter Nervosität bringt das Kind kein Wort heraus: Die Souffleuse flüstert den Text oder ein Stichwort leise und ruhig zu.
- Ein Versprecher oder ein falscher Einsatz: Ruhe bewahren, durchatmen und neu ansetzen.
- Das Kostüm verrutscht oder löst sich auf: gelassen und ruhig bleiben, warten, bis Hilfe herbeieilt, oder aus der Rolle heraus eine Lösung spielen.
- Ein Requisit ist nicht rechtzeitig vorhanden: weiterspielen und so tun als ob oder warten, bis das fehlende Teil gebracht wird.

Am Elegantesten und manchmal mit zusätzlicher Situationskomik verbunden sind in solchen Momenten Lösungen, die aus der Rolle heraus kommen. Eine intensive Rollenarbeit im Vorfeld kommt dem zu Gute.

Verbeugen und Applaus

Zum Schlussapplaus kommen alle beteiligten Personen auf die Bühne. Diese „Applausordnung“ muss man vorher absprechen und proben. Bei Kindern sollte keine Hauptperson extra hervorgehoben werden. Ähnliche Figuren und Paare treten gemeinsam auf.
Danksagungen für Sponsoren und Unterstützer sollte man knapp halten.

Und danach

Meistens möchten die Kinder recht schnell zu ihren Eltern laufen und erzählen, was sie erlebt haben. Mit den Kindern kann man vorher vereinbaren, dass alle Beteiligten direkt nach dem Spiel – eventuell auf der Bühne – noch kurz zusammenkommen, um einen ersten Eindruck von allen Akteuren einzuholen. Nach der Aufführung die Kinder gezielt loben und auf Kritik verzichten. Zu einem späteren Zeitpunkt kann man eine detaillierte Rückmeldung geben. Eine Belohnung oder der so genannte „Premierensekt“ steigert die Motivation.

- Ohne die eigene Arbeit schlecht zu machen, sollte der Spielleiter überlegen, was sich beim nächsten Projekt oder bei der nächsten Aufführung verbessern lässt.

„Frau Holle“ – ein Märchen kommt auf die Bühne

Das Märchen wurde mit einer Kindertheatergruppe mit geringer Theatererfahrung gestaltet. Als Anregung für ähnliche Theaterprojekte ist der Prozess der Umsetzung in Stichpunkten vorgestellt.

Das spricht für die Auswahl

Das Märchen hat eine überschaubare Handlung, die sich in einzelne Szenen einteilen lässt. Sie spielt an drei Orten: Hof der Schwestern, Wiese, Haus von Frau Holle. Es sind kaum aufwändige Umbauten notwendig.
Alle vorkommenden Figuren sind mehr oder weniger gleichrangig, so dass es keine ausgesprochene Hauptrolle gibt. Weitere Figuren lassen sich gut einbauen. „Kulissen“ wie der Ofen, das Tor oder der Apfelbaum können von den Kindern dargestellt werden.

Die Vorbereitung des Spielleiters

- Eigene Überlegungen dazu, wie etwas dargestellt werden kann.
- Spielthemen herausarbeiten, um sie in Übungen einzubauen: z. B. Federn fliegen lassen, Gegensätze, Ausschütteln, Ja/Nein-Sagen.
- Planung der ersten Einheit

Einführung in der Theatergruppe

- *Name und Geste* (Seite 144) in der Variante: „Ich heiße ... und wäre gern....“ Das Kind ergänzt mit seinem Namen und der körperlichen Darstellung einer Märchenfigur
- Paarweise Lockerungsübung: sich vorsichtig ausschütteln
- *Stopp and Go* (Seite 146) mit Gegensätzen: fleißig – faul, Goldmarie – Pechmarie, die Betten eifrig oder nachlässig ausschütteln.
- Ein Kind geht auf ein anderes zu und möchte etwas von ihm haben (z. B. „ Kannst du mir deine Mütze geben?“) Das andere lehnt ab oder geht darauf ein. Die Kinder sollen hier reagieren und spüren, wie es ist, wenn eine Anfrage abgeschlagen oder angenommen wird.
- Das Märchen gemeinsam erzählen und vergleichen mit der Fassung der Brüder Grimm. Gespräch darüber, wie etwas dargestellt werden kann.
- Die Szenen werden gemeinsam überlegt und schriftlich festgehalten, ebenso werden die vorkommenden Rollen notiert. Diese Grundlage für das „Drehbuch“ wird durch spätere Festlegungen ergänzt. Das „Drehbuch“ wird aufgehängt und ist immer einsehbar.

Einspielen und Erproben

- Improvisationen:
  Die Hälfte der Kinder stellt den Apfelbaum oder den Ofen dar und ruft, dass die Äpfel reif sind oder das Brot gebacken ist. Die anderen Kinder reagieren als fleißige Goldmarie oder faule Pechmarie.
- Modenschau und „Fototermin“ mit mitgebrachten Kleidern.
- Drei bis vier Kinder improvisieren einen selbst gewählten Ausschnitt aus dem Märchen. Gute Ideen daraus werden notiert.
- Der Inhalt der Szenen und eine Vorstellung über die Figuren werden gemeinsam beraten und vor allem angespielt. Die Kinder wechseln immer wieder die Rollen, nehmen Ideen auf und probieren die Anregungen aus.
- Die Rollen werden festgelegt. Ein Kind möchte einen Hasen spielen, der die Marie begleitet. Tor, Ofen und Baum werden von drei Kindern gemeinsam dargestellt.

Gestalten

- Fantasiereise, um eine Vorstellung vom Aussehen seiner Rolle zu bekommen:
  Wie sehe ich aus? Was habe ich an? Wie gehe ich? Wie spreche ich? Das Kleid dieser Rolle aus der Fantasie nehmen, pantomimisch „anziehen“ und sich in die Figur verwandeln.
  Durch den Raum gehen und seine Bewegungsart finden.
  Begegnung mit den anderen Figuren, um eine Stimme zu finden.
- Requisiten festlegen: Kleine entsprechend farbige Tücher fallen als Gold oder Pech im Tor herunter. Statt Schneeflocken fallen Blütenblätter aus den ausgeschüttelten Betten, weil das Stück im Sommer aufgeführt wird.

Vertiefen

- Die einzelnen Szenen der Reihe nach einstudieren. Bislang gab es keinen festen Text. Dieser entsteht und festigt sich durch das wiederholte Proben.
  Verschiedene Möglichkeiten des Auftritts und des Bewegens auf der Bühne ausprobieren und festlegen.
- Requisiten hinzufügen: Frau Holle bekommt einen Stock, Goldmarie fegt den Hof, Kochen und Betten ausschütteln als Tätigkeiten bei Frau Holle.

Intensivieren – Perfektion

- Ein Durchlauf ohne wesentliche Änderungen unter Originalbedingungen.
- Das Verbeugen am Ende proben. Von den Kindern kommt der Vorschlag, ihren Namen zu sagen und welche Rolle sie gespielt haben.

Abschluss

- Eine gelungene Aufführung, bei der sich die Kinder noch einmal in ihrer Spielfreude und Ausdrucksfähigkeit steigerten!

Theater und Musik

von Katrin Rohlfs, Pädagogin für Musik- und Bewegungserziehung

Musiktheater ist eine besondere Form des Theaters, in dem nicht nur die Schauspielkunst, sondern auch die Musik einen zentralen Stellenwert in der Gestaltung des Inhalts einnimmt. Musik ist ein akustisches Phänomen, das durch seine Qualitäten und Eigenschaften die visuell-akustische Darstellungsform des Theaters sehr gut ergänzt. So können durch einfache Geräusche bereits vorhandene Stimmungen und Gefühle sowie Charaktere der Schauspieler verstärkt werden.

Dieses Kapitel gibt Anregungen, wie ein Theaterstück mit Musik auch in kleinem Rahmen bereichert und intensiviert werden kann. Um ein ganzes Musiktheater zu gestalten, bedarf es zusätzlicher Fachliteratur.

Es gibt verschiedene Arten von Musik, die je nach Gruppe, Situation und Stück ausgewählt werden können. Musik kann mit Instrumenten, mit Gegenständen, mit der Stimme oder mit Körperinstrumenten selbst erzeugt werden. Es können Geräusche zu Klangmalereien zusammengesetzt, Lieder gedichtet und komponiert oder existierende Lieder umgetextet werden. Vorlagen und Kompositionen lassen sich bearbeiten, umgestalten und auf das Theaterstück zurechtschneiden. Musik kann im Moment improvisiert werden und es gibt die Möglichkeit, Musik vom Tonträger einzublenden.

Musik vom Tonträger

Mediale Musik muss sorgfältig ausgewählt und dann in der technischen Umsetzung den Gegebenheiten angepasst werden.

- Sie darf nicht zu laut sein, denn sonst würden die Kinderstimmen erdrückt werden. Die Abspielgeräte sollen die Musik so wiedergeben, dass das Zuhören nicht zur Qual wird.
- Laufende Musik sollte nie abrupt ausgeschaltet, sondern immer ausblendet werden.

Im Vergleich zum eigenen Musizieren ist der Aufwand viel geringer. Je jünger die Kinder, desto weniger Bezug haben sie allerdings zu einer eingeblendeten Zwischen- oder Hintergrundmusik. Das eigene Musizieren ist den Kindern deutlich näher. Möchte man zu einer „Konservenmusik" einen Bezug aufbauen, so ist es wichtig, die Kinder bewusst zuhören zu lassen. Höraufgaben, wie z. B. zur Musik zu malen, sich dazu zu bewegen oder eine gleichzeitige Rückenmassage lassen die Stimmung der Musik deutlich werden. Nach einem Kennenlernen verschiedener Musikstücke kann gemeinsam mit den Kindern Musik ausgewählt und gezielt eingesetzt werden.

Ouvertüre

Die Rolle der Ouvertüre ist, den Zuschauer und -hörer auf das Kommende vorzubereiten und einzustimmen. Die Musik hilft, im Raum anzukommen, Gespräche zu beenden und ruhig zu werden.
Eine Ouvertüre nimmt klanglich die Atmosphäre des folgenden Stücks auf. Manche greifen in der Dynamik bereits den Verlauf der Handlung auf. Oft wird die Geschichte schon mal in einer „Nur-Musik-Version" gespielt.

Die Geschichte mit Instrumenten spielen
Die Kinder erzählen die Geschichte auf beliebigen Instrumenten, z. B. einer Handtrommel, nur mit Geräuschen. Eine lange Geschichte wird in übersichtliche Abschnitte eingeteilt und zum Ideensammeln auf mehrere Kinder verteilt. Aus den Ideen wird ein Musikstück zusammengesetzt.

Eine Ouvertüre kann aus einem gemeinsam gesungenen Lied bestehen. Das Lied nimmt eine wichtige Botschaft voraus – oft reicht ein einziger Satz – und stellt damit das ganze Stück unter ein Motto. Wird das Lied dann am Schluss nochmals gesungen, schließt sich der Bogen und das Publikum nimmt die Botschaft nun vertieft wahr.

Musik mit der Stimme

Lieder

Die Bedeutung eines Liedes ist, die momentane Situation zu beschreiben. Die Handlung bleibt stehen und die Stimmung wird in Text und Melodie wiedergegeben, z. B. singt die Goldmarie im Gespräch mit Frau Holle, in dem sie ihr erklärt, dass sie Heimweh hat, ein trauriges Heimweh-Lied.

Möchten Kinder nicht alleine singen, können andere Darsteller mitsingen. Ein Chor stellt sich neben oder auf die Bühne. Der Chor kann als Schneeflocken, Bäume oder was gerade in die Handlung passt, auftreten.
Wird ein existierendes Lied umgetextet, sollte die Melodie zum Charakter der jeweiligen Stimmung im Stück passen.
Das Lied sollte sowohl separat, als auch im Verlauf geübt werden. Singen alle zusammen, braucht es einen Anfangston. Dafür kann ein Instrument den Liedanfang oder auch das ganze Lied vorweg spielen.

Liedtext finden

Zum Textdichten werden die zahlreichen Ideen der Gruppe einbezogen. Die Situation wird besprochen, in der die Person, die singen soll, sich gerade befindet. Gefühle werden gesammelt. Dann werden in Kleingruppen oder Paaren Reime gesucht. Daraus wird eine sinnvolle Reihenfolge bestimmt, Strophen und eventuell ein Refrain geformt.

Melodie komponieren

Ist der Text gegeben, lässt sich auch mit unerfahrenen Komponisten eine Melodie finden. Der Text dient als Grundlage für eine melodiöse Improvisation. Nacheinander singen Gruppenteilnehmer je einen Satz. Der nächste versucht, die Melodie weiterzuführen. Nach vielen Experimenten kann die Gruppe eine Version festlegen. Bei der Endfassung ist darauf zu achten, dass die Betonung des Textes mit den Taktschwerpunkten der Melodie übereinstimmt. Es erfordert meist etwas Mut, vor einer Gruppe zu singen, es sollte also eine vertrauensvolle Situation herrschen.

Freies Singen – das Rezitativ

Für Kinder ist die Hürde, vor Publikum zu singen, oftmals viel leichter zu überwinden als für Jugendliche oder Erwachsene. So kann als Gestaltungsidee in einem Stück ein Erzähltext oder ein besonderer Dialog gesungen werden. Wie das Rezitativ des Barock kann eine Erzählmelodie aus wenigen sich wiederholenden Tönen bestehen. Das kann im Moment frei erfunden werden. Hier einige Spiele, wie das freie Singen erprobt werden kann:

- ***Gesungene Begrüßung:*** Der Spielleiter singt auf frei gefundenen Tonhöhen: „Guten Nachmittag, liebe ...“. Die Kinder antworten singend.
- ***Monatslied:*** Die Monatsnamen werden im Kreis herum gesungen, ebenso Wochentage, Zahlen ... unter Wiederholung der vorangegangenen Melodie.

- ***Arienimprovisation:*** Eine Fortsetzungsgeschichte wird gesungen. Jeder singt einen Satz.
- ***Dialoge singen:*** Ein Dialog kann aus dem Theaterstück erst gesprochen, dann gesungen werden. Oder der Erzähler formuliert seinen Text erst sprechend und versucht ihn dann zu singen.
- Bei allen Übungen ist wichtig: Kein Krächzen, Piepsen, Röhren ... zulassen. Die Kinder sollen sich um eine schöne, klare Stimme bemühen.

Übungen zum Einsingen

Wird die Singstimme im Laufe eines Theaterstücks eingesetzt, ist es besonders wichtig, die Kinder vorher gezielt mit einigen Übungen einzusingen.

Erste Stufe: Körper aufrichten

- ***Abrollen – aufrollen:*** Aufrecht stehen, Oberkörper langsam nach unten beugen, allmählich wieder – Wirbel für Wirbel von unten – aufrollen. Der Kopf hängt bis zuletzt. Aufgerichtet immer größer werden, Nackenmuskulatur länger werden lassen, wie ein Leuchtturm wirken.
- ***Verwurzeln:*** Die Füße mit gutem Bodenkontakt hüftbreit parallel aufstellen, in der Vorstellung schlagen sie Wurzeln. Den Körper darüber aufrichten, die Arme können Äste werden und nach oben wachsen.

Zweite Stufe: Atem aktivieren

- ***Luftballon:*** Luft einströmen lassen (passiert bei den Kindern automatisch richtig), ein Luftballon verliert langsam auf „ffffff" oder „schschsch" seine Luft.
- ***Fiktive Seifenblasen:*** Platzen lassen: mit dem Finger „zerstechen", „pop – pop"
- ***Ein Zug fährt ein:*** Eine ganz alte Dampflok „sch – sch – sch" wird immer lauter und wieder leiser.

Dritte Stufe: Die Stimme tönt

- ***Eine Fliege oder ein ganzer Bienenschwarm fliegt:*** „bsssss": Die Stimme in verschiedenen Lagen auf und ab tönen lassen.
- ***Kaugummi kauen:*** den Kiefer lang werden lassen, Kaubewegung mit „mmmm"

- ***Auto fahren:*** die Lippen trällern, aufeinander flattern lassen, mit Stimme in verschiedenen Tonhöhen.
- ***Cluster singen:*** Auf „no", „mo" oder „du" singt jeder Töne in beliebiger Tönhöhe, atmet selbstständig nach (oder alle haben den gleichen Atemrhythmus) und lässt wieder einen anderen Ton erklingen. Dadurch entstehen dissonante Klänge. Die Übung braucht Ruhe und die Kinder sollten besonders auf die entstehenden Klänge hören.
- ***Sirenen oder Aufzug:*** mit der Stimme von unten nach oben, von oben nach unten gehen, mit der Hand genauso mitgehen. Die Stimme gut führen.

Musik mit der Sprache

Rappen ist eine zurzeit sehr populäre Art des Musizierens. Die gereimten und rhythmisch gesprochenen Texte werden von moderner Instrumentalmusik begleitet. Dabei ist der Text meist in einer einfachen Liedform gehalten, etwa Strophe–Refrain–Strophe usw. So können die Texte genauso wie beim Lied von der ganzen Gruppe zusammen getragen werden.
Das Sprechen muss geübt werden. Bei manchen Textabschnitten gibt es mehrere Möglichkeiten, wie der Rhythmus verteilt wird. Solche Stellen brauchen besondere Pflege, denn der Rap lebt von seinem klaren Rhythmus.

Die Begleitung kann einfach sein – wie bei der rhythmischen Gruppenimprovisation (siehe unten) findet die Gruppe selber passende Begleitrhythmen auf Instrumenten, Requisiten, mit Körperinstrumenten oder ebenfalls mit der Sprache.

Musik mit Instrumenten

Musik mit Körperinstrumenten

Schnipsen, Stampfen, Schnalzen, Reiben, Klopfen auf verschiedene Körperteile, verschiedene Arten zu Klatschen ... der Körper bietet ein weites Spektrum an Klängen und kann für Lied- oder Rapbegleitung oder als eigenständige Musik eingesetzt werden.

Körperklänge finden
Die Gruppe steht im Kreis. Der Reihe nach macht jedes Kind ein Geräusch vor, alle machen mit.

Klanggestenreihe
Eine Aneinanderreihung von Klanggesten, die als gleich bleibender Puls klingen, lässt schnell Rhythmus und Takt entstehen. Verschiedene Reihen klingen gleichzeitig oder eine Reihe wird im Kanon gespielt (die zweite Gruppe beginnt, wenn die erste Gruppe bei der Hälfte der Klangreihe angelangt ist).

Rhythmuspattern aus Wörtern
Einzelne wichtige Worte oder eine inhaltlich relevante Wortgruppe aus einer Szene werden rhythmisch gesprochen, z. B. verschiedene Verkehrsmittel oder verschiedene Blumenarten. Die Silben werden durch Körperklänge ersetzt. Die einzelnen Bausteine können aneinandergereiht werden oder gleichzeitig klingen. Lauter oder leiser werden; plötzlicher, gemeinsamer Anfang bzw. Schluss oder ein Rhythmus nach dem anderen fängt an / hört auf.

Musik mit herkömmlichen Instrumenten

Es gibt viele Instrumente, die ohne weitere technische Kenntnisse gespielt werden können. Das kleine und große Schlagwerk, Stabspiele, aber auf elementare Weise genauso auch Tasteninstrumente und Zupfinstrumente. Zu selbst gebauten Instrumenten entwickeln Kinder einen besonderen Bezug. Bei der Auswahl der Instrumente ist es wichtig, auf den Charakter und die Stimmung der Szenen zu achten. Ein passender Klang ist die erste Voraussetzung für eine passende Musik.

Eine einfache Form, Inhalte zu unterstützen, sind Geräusche. Diese werden deutlich und mit Ausdruck gespielt. Es ist zu empfehlen, dass Musiker stets für das Publikum sichtbar auf einem Stuhl sitzend oder im Stehen spielen.

Geräuschmusik
Soll an einer Stelle etwa eine besonders spannende oder ruhige Atmosphäre entstehen, können Klänge diese unterstützen oder entstehen lassen. Um hierfür passende Musik zu finden, muss den Kindern zunächst die Stimmung deutlich gemacht werden. Die Kinder und Spielleiter sitzen im Kreis und einige Instrumente liegen in der Mitte. Sie sollten von den Kindern bereits ausprobiert worden sein. Der Spielleiter erzählt die Geschichte, die als Handlungsgrundlage gilt, bzw. die entsprechende Szene und taucht mit der Stimme deutlich in die Stimmung ein. Bei einem vereinbarten Signal nimmt sich ein Kind (oder mehrere Kinder) ein Instrument und versucht, das Gehörte zu spielen. Bei mehreren Durchgängen gibt es mehrere Lösungen.

Gemeinsam wird entschieden, welches der Geräusche – oder welche Kombination – für das Theaterstück am besten passt.

Bewegungsbegleitung
Die Schritte eines Schauspielers werden musikalisch unterstützt. Der leichtfüßige Prinz bekommt eine leicht klingende Musik, das galoppierende Pferde einen kräftigen Galopp. Um diese Musik zu entwickeln, fühlen sich erst alle Kinder in die jeweilige Person ein. Sie probieren, wie es sich anfühlt, müde, traurig, froh, schnell, langsam ... zu laufen. Dann probiert ein Kind, ein anderes zu begleiten. Es wählt einen passenden Klang aus (dafür müssen die Kinder die Instrumente bereits ausprobiert haben) und schaut genau auf die Schritte des anderen Kindes. Es spielt, was es sieht (und innerlich fühlt). Es empfiehlt sich, die Paare einzeln experimentieren zu lassen. Spielen alle Paare gleichzeitig, ist es zu laut.
Im Verlauf eines Theaterstücks werden die Schritte dann hervorgehoben, wenn sie von großer Bedeutung sind, z. B. ein Aufmarsch, eine Wanderung, beim Nachdenken, beim Anschleichen ...

Pausenklänge
Musik für Umbaupausen oder inhaltliche Pausen hat mehr Eigenständigkeit. Sie ergänzt sekundär und stellt an sich ein abgeschlossenes Kunstwerk dar. Solche Musik selbst zu erfinden, setzt mehr musikalische Vorkenntnisse voraus. Sie kann ebenfalls improvisiert oder komponiert werden. Manche Kinder einer Theatergruppe lernen ein Instrument in einer Musikschule. Sie können entweder bereits eine Auswahl von Stücken spielen, die eingebunden werden. Oder man lässt sie eine kleine Melodie lernen (z. B. die Melodie des Anfangsliedes), die sie in der Pause spielen.
Der Charakter der Zwischenmusik wird auf die Stimmung der kommenden oder vergangenen Szene im Theaterstück abgestimmt.

Rhythmische Gruppenimprovisationen
geben den Umbaupausen viel Schwung. Die Gruppe sitzt im Kreis, jedes Kind hat ein beliebiges Instrument des kleinen Schlagwerks in der Hand (Variation: alle das gleiche). Der Spielleiter spielt auf einer tiefen Trommel einen gleich bleibenden Puls. Ein Kind nach dem anderen steigt ein und spielt etwas Passendes dazu. Das Stück endet analog zum Anfang: das erste Kind hört auf, das zweite ... Um das Stück aufführungsreif zu machen, kann besonders an Anfang und Ende gearbeitet werden: Welche Instrumente fangen an, wer kommt dazu, wie hört es auf?

Melodisch-rhythmische Gruppenimprovisation
In einer Variante können statt kleinem Schlagwerk Stabspiele eingesetzt werden. Reduziert man die Stäbe z. B. auf eine pentatonische Stimmung (c-d-e-g-a oder d-e-g-a-h), einen Dur- oder moll-Dreiklang (c-e-g-c oder c-e-a-c) oder eine andere ausgewählte Mischung von Tönen (interessant ist eine orientalisch klingende Reihe), erfinden die Kinder zu einem Grundrhythmus kleine melodische Bausteine (Ostinati), die zusammenpassen.

Musik mit Gegenständen und Requisiten

Welche Requisiten klingen? Die Schlüssel zum Tor, Aschenputtels Schuhe, der Stuhl in der Stube, Besen und Schaufel der Goldmarie oder die Töpfe und Pfannen des Kochs? Wer mit wachen Ohren durch das Leben geht, wird unzählige Klänge finden. Musik mit Requisiten gibt einem Theaterstück einen besonderen Charakter. Diese Musik in der Vorführung auch zu sehen, ist besonders wichtig. So kann sogar neben oder von den Darstellern selbst auf der Bühne musiziert werden. Mit Gegenständen können eigenständige Musikstücke innerhalb oder zwischen den Szenen, Rap- und Liedbegleitungen, Ouvertüre oder Schlussmusik gestaltet werden.

Klänge finden
Die Kinder gehen auf Entdeckungsreise. Verschiedene Requisiten, Möbel oder andere Gegenstände liegen im Raum verteilt. Erst probieren die Kinder, den Gegenständen mit den Händen Klänge zu entlocken. Im zweiten Durchgang werden Stäbe, verschiedene Schlegel, Besen, Löffel u. a. (je nach Art der Gegenstände) zu Hilfe genommen. Zurück im Kreis stellen die Kinder je ein Geräusch vor.

Klänge erraten
Die Gegenstände liegen in der Mitte des Kreises. Die Kinder schließen die Augen, ein Kind macht ein Geräusch mit den Gegenständen oder einer Kombination. Sitzt es wieder auf seinem Platz, öffnen alle die Augen. Nun dürfen einzelne das Geräusch suchen, indem sie selbst Klänge ausprobieren.

Gespräche
Zwei bis drei Kinder bekommen einen Zettel, auf dem eine besondere Gesprächsart steht, z. B. Streitgespräch, Kaffeeklatsch, Oma erzählt Enkel eine Geschichte, eine Rede wird gehalten und das Publikum applaudiert. Mit ihren Instrumenten stellen sie ein solches Gespräch dar. Die gefundene Musik kann in eine Szene eingebaut werden.

Mancherlei Theaterspielerei

Pantomime – Spiel ohne Worte

Pantomime ist eine stille Kunst und kann doch so viel mitteilen. Ohne Worte und (fast) ohne Requisiten, nur mit den Ausdrucks- und Bewegungsmöglichkeiten des Körpers wird eine Begebenheit oder ein Gefühl dargestellt und eine Geschichte erzählt. Zur Darstellung nimmt sie eine universelle Sprache, d. h. allgemein erkennbare Gesten zu Hilfe.
Pantomime lässt die Fantasie in der Illusion lebendig werden. Sie spielt mit der Vorstellungskraft des Zuschauers. Das wortlose Spiel bindet Kinder ein, die sprachlich nicht so gewandt sind und sich nicht gern mit vielen Worten darstellen.

Kleiner Ausflug in die Geschichte

Das Wort „Pantomime" kommt aus dem Griechischen und bedeutet „alles nachahmend". Ursprünge der Pantomime finden sich in allen Kulturen.
Im alten Rom gab es pantomimische Possen und ironische Satire auf die griechischen Götter. In Griechenland waren es pantomimisch-rhythmische Darstellungen, die sich an Gesang und Tanz orientierten und geschichtliche oder dramatische Situationen darstellten.

Die Kunst der Pantomime hängt mit dem Volkstheater und der Entwicklung verschiedener Spaßmacher und Clowns eng zusammen. In der englischen Figur des „Punch", in der italienischen „Commedia dell' Arte", in deutschen Fastnachtsspielen und der Rolle des „Hans Worscht" waren die pantomimischen Darstellungen meist eine Karikatur auf die gesellschaftlichen Zustände und übten an politischen und religiösen Verhältnissen Kritik. Mitte des 18. Jahrhunderts wurde in Deutschland die Figur des „Hans Worscht" verboten.
In Frankreich kritisierten Volkstheatergruppen nach der Revolution die politische Situation. Aus dem darauf folgendem Verbot, auf der Bühne gespro-

chene Worte zu verwenden, erblühte die Kunst des Spielens ohne Worte. Es entstand zusätzlich eine Art Lautsprache, die „Gromolosprache".
In Zusammenhang mit den Idealen der Romantik entwarf Gaspard Deburau Anfang des 19. Jahrhunderts die berühmte Figur des „Pierrot".

- In dem empfehlenswerten Film „Die Kinder des Olymp" von Marcel Carné wird diese Geschichte sehr eindrucksvoll von Jean Louis Barrault und Étienne Decroux dargestellt.

Die Figur des „Pierrot" ist ein Vertreter der so genannten „weißen Pantomime" oder „stumme Kunst", bei der das Dargestellte mit den Händen „gemalt" wird oder mit einer Zeichensprache angedeutet wird. Im 20. Jahrhundert ist Marcel Marceau ein bedeutender Vertreter der „Kunst der Stille" oder der „neuen Pantomime". Hier schlüpft der Darsteller in eine oder mehrere Rollen und spielt die Situation vor.

Das Spiel ohne Worte

Die Pantomime ist eine Kunst, und die Versuchung ist stark, die großen Meister zu kopieren. Das Spiel ohne Worte, das mit der eigenen Vorstellungskraft und der der Zuschauer arbeitet, kann jedoch jeder (mit-)spielen.

- Die Förderung der Fantasie und der Einbildungskraft ist eine wichtige Grundlage für das pantomimische Spiel mit Kindern.

Der Zuschauer braucht Zeit, um sich in das pantomimische Spiel hineinzufühlen, das Dargestellte zu erkennen und auf sich wirken zu lassen.

- Pantomimische Bewegungen sind aus diesem Grund langsam und lassen alles Überflüssige weg.

Die Pantomime lebt von der Darstellung von Gefühlen, Emotionen, Stimmungen und inneren Zuständen.

- Die Wahrnehmungsfähigkeit mit allen Sinnen ist gefordert, um Sensibilität für die diversen Ausdrucksformen von Gefühlen und Stimmungen zu entwickeln.

Im pantomimischen Spiel steckt (individuelle) Technik, um lediglich mit dem Spiel des Körpers und der Hände etwas zu zeigen. Die eigene genaue Vorstellung über das Darstellende lässt dieses vor den Augen des Zuschauers entstehen.

- Gezielte Übungen vertiefen die Fähigkeit, sich genau vorstellen zu können, was dargestellt werden soll.

Der Pantomime nimmt eine allgemein gültige Sprache zu Hilfe. Er verwendet im stummen Spiel Gesten und Ausdrucksformen, die von jedermann erkennbar sind, weil sie tagtäglich ausgeführt werden.

- Eine wesentliche Vorübung ist die Schulung der Beobachtungsgabe und damit zusammenhängend die Fähigkeit, das Beobachtete genau und in einer logischen Reihenfolge wiedergeben können.

Pantomimische Darstellungen erfordern den Einsatz und die Ausdrucksmöglichkeiten des ganzen Körpers. Eine Anstrengung drückt sich z. B. nicht nur im Gesicht, sondern auch in der Haltung aus.

- Die Entwicklung des Körpergefühls und der Körperbeherrschung, das Erkennen der Bewegungs- und Ausdrucksmöglichkeiten und der bewusste Einsatz von Gestik und Mimik ist Grundlage für das Spiel.

Damit der Pantomime „verstanden" wird, müssen Körperhaltung und Ausdruckswunsch übereinstimmen. Begegnen sich zwei Menschen, die jeweils die Sprache des anderen nicht verstehen, versuchen sie mit Einsatz von Händen und Körper, ihr Anliegen zu vermitteln. Das Verständnis ist nur dann da, wenn der nonverbale Ausdruck mit dem Inhalt übereinstimmt.

- Aufmerksamkeit schaffen für eine klare nonverbale Kommunikation.

Haltung und Gestik drücken mehr aus, als das gesprochene Wort. Mit zunehmendem Alter versteckt sich das, was wir wirklich denken, hinter einer Alltagsmaske. Kinder verstecken ihre Gefühle meist nicht, sondern drücken sie klar in Mimik und Gestik aus. Sie tragen noch wunderbar unbedarft ihre innere Einstellung, Spannung und Haltung nach außen. Sie besitzen eine ausgeprägte Fantasie darüber, was sie darstellen möchten. Es fehlt ihnen noch an der Genauigkeit in der Geste, einer präzisen Bewegung und manchmal dem Einhalten eines logischen Ablaufes, bis dahin, dass sie Teile weglassen.

- Übungen, bei denen einfache Situationen mit einer logischen Reihenfolge betont langsam und sehr genau nachgeahmt werden sollen, erleichtern den Schritt zur klaren Darstellung.

Pantomimische Spiele und Übungen

Ein gutes Körpergefühl ist wichtig für den klaren Ausdruck. Darum stehen zu Beginn Körperübungen, um die eigenen Ausdrucksmöglichkeiten bewusster kennen zu lernen. Jüngere Kindern sind zum Einstig in die Pantomime mit Ratespielen zu begeistern.

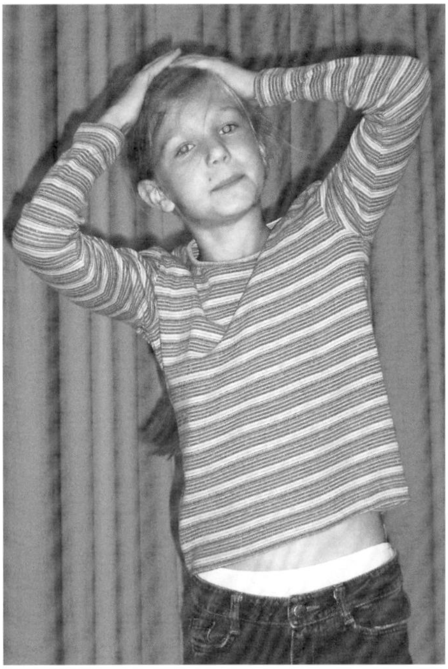

Es ist wichtig, den Kindern zu ihrem Spiel eine Rückmeldung zu geben. Sie sollen wissen, was sie gut dargestellt haben, und behutsam Anregungen zur Verbesserung bekommen, z. B.:

- „Spiel das, was du zeigen möchtest, ganz langsam und übertreibe in deinen Gesten!"
- „Beschreibe mir das, was du darstellen möchtest!"
- „Wir überlegen zusammen, aus welchen einzelnen Handlungen die Bewegung besteht."

Zur Verbesserung der Darstellungsfähigkeit können diese Anregungen beitragen:

- Die Kinder bekommen eine konkrete Beobachtungsaufgabe bis zum nächsten Treffen.
- Die Handlung wird mit Originalgegenständen durchgeführt und genau beobachtet.

Ratespiele

Ratespiele sind interessant und sehr geeignet, die Fähigkeit zur genauen Darstellung zu schulen. Der Reiz, etwas erraten zu lassen, fördert die Aufmerksamkeit für den Ausdruck. Die Kinder werden im genauen Hinsehen geschult. Die Fantasie ist gefragt, wenn Worte nicht verwendet werden dürfen und nach anderen Ausdrucksmöglichkeiten gesucht werden muss. Die Kinder führen die Bewegungen betont langsam aus, damit sie präziser wird und das Erraten leichter fällt.

- Die zu ratenden Begriffe sollen aus der Welt und dem Wissensschatz des Kindes kommen. Die Ratespiele nicht nur als Wettstreit einsetzen, damit die Konzentration auf eine deutliche Darstellung zugunsten des schnelleren Ratens und Gewinnens nicht verloren geht.
- Die Vorführung kann auf einer kleinen Bühne erfolgen, so sammeln die Kinder „nebenbei" Bühnenerfahrung.

Wörter raten

Das Kinderpaar bekommt einen Begriff, der aus zwei Hauptwörtern zusammengesetzt ist, ins Ohr geflüstert oder auf einem Kärtchen gezeigt. Nach einer kurzen Beratungszeit stellt jedes Kind einen Teil des Wortes pantomimisch dar. Wer es erraten hat, bekommt mit einem Partner seiner Wahl einen neuen Begriff. Wortbeispiele:

Kinder – garten
Haus – dach
Auto – schlüssel
Spiegel – ei
Apfel – kuchen
Schul – haus

Die schwierigere Version ist, einzelne Silben eines Wortes darzustellen, z. B.:
Radio: Rad – i!!!!! – Oh!!!!!
Ameise: A!!!!! – Meise

Mein Lieblingsessen

Das Kind überlegt sich sein Lieblingsessen und führt vor, wie es dieses isst. Bei jüngeren Kindern sollten es einfache Begriffe sein, z. B. Kaugummi, Gummibärchen, saure Gurke, Spagetti, Eis, Banane, Apfel ...

Eventuell dem Spielleiter den Begriff zuvor ins Ohr flüstern, damit er bei Unklarheiten helfen kann.

Variante: Der Spielleiter bereitet Kärtchen mit einer Menüfolge incl. Getränk vor, die die Kinder darstellen. Die gewählten Speisen sollten eine spezifische Art des Essens erfordern. Spagetti mit Tomatensoße sind leichter darzustellen als Schinkennudeln. Ein Glas Wein wird anders getrunken als ein Glas Bier.

Wo befinde ich mich?

Ein Kind zieht eine Karte mit einer Ortsangabe. Diese „beschreibt" es durch das pantomimische Spiel.

Rendezvous

Zwei Kinder sind in ihrer Vorstellung durch eine Glasscheibe oder durch eine laute und breite Straße getrennt. Sie können sich nur sehen, nicht hören. Pantomimisch vereinbaren sie ein Treffen zu einer bestimmten Uhrzeit und an einem bestimmten Ort.

Was bin ich?

Ein Kind erhält eine Berufsbezeichnung, die es pantomimisch darstellt.

Übungen zu unsichtbaren Gegenständen

Je klarer die Vorstellung beim Spieler ist, umso klarer kommt diese beim Zuschauer an. Beim Spiel mit „Unsichtbaren Gegenstände“ werden die Kinder mit Fragen angeleitet, sich diese möglichst deutlich vor ihrem „inneren Auge“ vorstellen zu können.
Was möchtest du darstellen? Eine Person, eine Kraft, einen Gegenstand, ein Raum? Wie sieht das aus? Wie fühlt es sich an? Wie riecht es? Welche Beziehung hast du dazu? Wie wird es angefasst? Was wird damit gemacht?

Pantomimisches Ballspielen
Der Spielleiter zeigt einen (unsichtbaren) Ball und gibt ihn im Kreis herum, damit sich jedes Kind ein Bild davon machen kann. In der zweiten Runde verwandelt sich der Ball. Ein Kind fängt ihn auf und lässt ihn in der Darstellung größer, kleiner, schwerer, leichter werden, bevor es ihn weiterwirft. Die Reaktion des Fängers entspricht der Art des geworfenen Balles.

Verformbare Masse
Der Spielleiter gibt eine (unsichtbare) verformbare Masse im Kreis herum, die durch das pantomimische Spiel in alles Denkbare verwandelt wird.

Geschenktruhe
Eine (unsichtbare) Kiste wird herumgegeben. Jedes Kind holt daraus ein Geschenk für jemanden aus der Gruppe. Vor dem Verschenken wird das Präsent pantomimisch vorgeführt.
Dieses Spiel ist gut geeignet zum Abschluss eines Treffens. Jeder erhält noch ein „Geschenk“.

Spiele zur Sinneswahrnehmung / Sinnesausdrücke

Die Kinder gehen im Raum und bekommen verschiedene Impulse, die sie ohne Worte, mit dem ganzen Körper darstellen.

- sehen (Erfreuliches, Ekliges, Begehrenswertes)
- hören (bedrohliche Schritte, beschwingte Musik)
- riechen (Medizin, Kaffee, Parfüm)
- Tasten (Eisblock, Kaminfeuer, Igel)
- Gehen bei verschiedenem Wetter
- Verschiedener Untergrund (Glatteis, klebriger Untergrund, hoher, fester Schnee, hohes Gras, eiskaltes Wasser, Moor, Sand, Holzboden, schwankendes Schiff)

Da fehlt etwas!
Ein Kind spielt eine Situation vor und lässt dabei ein wesentliches Teil weg, das erraten werden muss.
Beispiel: Eine Hose anziehen und den Reißverschluss nicht schließen. Dieses Spiel lenkt die Aufmerksamkeit auf wichtige Details und das Einhalten einer logischen Reihenfolge.

Gefühle und Stimmungen
Der Spielleiter leitet die Kinder an, die Darstellung von Gefühlen und Stimmungen sehr bewusst und langsam auszuführen. Sie sollen sich dabei beobachten und feststellen, wo eine Bewegung im Körper beginnt und wo sie sich fortsetzt. Lachen beginnt im Bauch, geht dann auf den gesamten Gesichtsausdruck und den ganzen Körper über.

Situationen
Einige Anregungen für das Spiel ohne Worte:

- Pantomimisches „Wortgefecht“
- Ein Kinderpaar trägt etwas weg, z. B. eine Glasscheibe.
- Herr und Diener (Paare): Der Diener ahmt den Herrn nach und übertreibt ihn (Spiel zum Publikum), wenn der Herr hinsieht, schaut der Diener „unschuldig“.
- Eingesperrt in einem dunklen Raum: die Wand entlang nach einem Ausgang tasten.
- Warten: beim Arzt, auf den Zug, auf die Freundin ...
- Instrument spielen.
- Einer (unangenehmen, erfreulichen ...) Person begegnen.
- Eine lästige Fliege verscheuchen.

Kleidung, Maske und Requisiten

Ein einfarbiges Kostüm ist in der Wirkung zurückhaltend und unterstützt das pantomimische Spiel. Die Kleidung darf die Bewegungsfähigkeit nicht einschränken.
Das typische weiß geschminkte Gesicht unterstreicht den mimischen Ausdruck, ist jedoch nicht immer nötig. Gute Effekte lassen sich mit einem großen roten Mund und dunkel nachgezogenen Augenbrauen erreichen.
Requisiten sollte man nur sehr sparsam einsetzen. Ein Stuhl oder ein Tisch kann zur Darstellung eines Spielortes genügen. Das Spiel findet vor einem neutralen, eher dunklen Vorhang statt, um Ablenkungen zu vermeiden. Die Kleidung des Pantomimen soll sich von diesem Hintergrund abheben.

Musik, Geräusche, Sprache

Die musikalische Begleitung setzt einen klaren Anfang und ein eindeutiges Ende. Ruhige Musik unterstützt das pantomimische Spiel gut in seiner Wirkung. Musikalische Improvisationen auf dem Klavier oder auf der Geige ergänzen die Pantomime sehr wirkungsvoll.
Pantomime ist ein wortloses Spiel. Darum sollte gänzlich auf eine deutliche Sprache verzichtet werden.
Geräusche werden sparsam eingesetzt. Pfiffig ist es, eine immer wiederkehrende Handlung mit einem spezifischen Laut zu begleiten.

- Eine freche (unsichtbare) Fliege wird durch das typische Surren dargestellt. Der Pantomime verfolgt ihren Flug und versucht sie zu fangen. Hat er sie gefangen, hört der Ton auf. Er ertönt wieder, wenn die Fliege ihm entwischt.

Schattentheater – Spiel mit dem Schatten

„Große Ereignisse werfen ihre Schatten voraus!“
Eine Lichtquelle wirft den Schatten eines Gegenstandes oder einer Person an die Leinwand.
Es ist für manche Kinder leichter, auf der Bühne „über ihren Schatten zu springen“, wenn sie wissen, dass sie als Person unsichtbar bleiben.
Das Schattentheater führt ganz gewiss kein Schattendasein. Es regt wie kein anderes Medium die Fantasie der Zuschauer und der Kinder an. Es schafft eine Schattenwelt mit eigenen Gesetzen. Es ist eine Mischung aus Traum und Realität.
Dieses Kapitel widmet sich dem Menschenschattentheater. Diese Theaterform experimentiert mit Licht, Schatten und dem Körperausdruck.

Ein Ausflug in die Geschichte

Schattenspiele haben eine über 2000-jährige Tradition. Ursprünglich stammt das Figurenschattentheater aus dem asiatischen Raum. In Indonesien, um ca. 1000 v. Chr., gibt es das „Wajang“-Spiel mit wunderschön farbig gestalteten Figuren mit magisch religiösen Charakter. Über Persien gelangte es in die Türkei, wo es als „Karagöz-Spiel“, nach dem Hauptdarsteller benannt, bis heute gespielt wird. „Nang Sbek“ ist eine getanzte Mischform zwischen Menschen- und Figurenschattentheater in Kambodscha.

Nach Europa kam das Menschenschattentheater etwa im 17. Jahrhundert und wanderte vom Mittelmeerraum nach Frankreich. In Deutschland wird das Schattenspiel Ende des 19. Jahrhunderts populär. Zu Beginn des 20. Jahrhunderts fand es vom Spielen auf öffentlichen Plätzen rasch Zugang in feste Häuser hinein. Nach einer kurzen Flaute ist es heute durch seine vielfältigen Möglichkeiten wieder sehr beliebt.

Der Schatten bringt es an den Tag

Bei dieser Theaterform gibt es alle Hände voll zu tun beim Herstellen von Requisiten und Masken, bei der Musik, in der Erzählung, in der Lichttechnik und nicht zuletzt beim Spielen.
Die Kinder sollten viel Zeit für das Experimentieren und Ausprobieren bekommen, um sich die technischen Besonderheiten selbst anzueignen. Erst wenn sie die Technik durchschauen, entwickeln sie eigene Ideen.

Schattenspiel bietet sich für viele Themen an: Freude, Trauer, alltägliche Szenen ... Eine komplette Geschichte nur als Schattenspiel umzusetzen, ist sehr aufwändig. Es empfiehlt sich ein Wechsel vom Spiel hinter und vor der Bühne. Passagen, die einen enormen technischen Aufwand erfordern, sollten vermieden und besser von einem Erzähler vor der Bühne übernommen werden.

Traumszenen in Form eines Schattenspiels können das Theaterspiel vor der Leinwand ergänzen. Der Schauspieler legt sich nieder und beginnt zu träumen. Der Inhalt des Traums erscheint als Schattenspiel.

Vorzüge des Schattenspiels

Schattenspiel ist ohne große Vorbereitungszeit mit allen Altersgruppen möglich. Eher schüchterne Kinder haben mehr Spielfreiheit, weil sie sich durch die Leinwand vor den Zuschauerblicken geschützt fühlen.
Schattenspiele fördern das abstrakte Denken und die Verfremdung. Ideen müssen für eine klare Darstellung reduziert und vereinfacht werden.
Das Zusammenspiel wird gefördert. Kooperation ist nötig, wenn ein Objekt auf dem Projektor mit dem Spieler an der Leinwand eine einheitliche Szene ergeben soll. Gegenseitige Unterstützung, voneinander und miteinander lernen, Ideen weitergeben und sich über das Ziel verständigen wird selbstverständlich. Koordination ist gefordert, wenn ein Schattenbild aus mehreren Kindern dargestellt werden soll.

Spieltechnische Hinweise

Ein Schattenbild ist ein zweidimensionales Bild auf einer weißen Leinwandfläche. Das Motiv bzw. das Spiel sollte auf die Gesamtfläche bezogen und komponiert sein. Das heißt, die Darstellung verteilt sich auf die gesamte Leinwand und „klebt“ nicht nur links oder rechts.
Für ein erkennbares Bild spielen die Kinder im Profil oder mit dem Körper parallel zur Spielwand. Die Spieler agieren deutlich und langsam und verwenden typische Gesten.

Wer sich für das Schattenspiel entscheidet, sollte alle Möglichkeiten darin ausschöpfen. Es gibt einige verblüffende Wirkungen, die bei dieser Technik möglich sind:

- Personen können sich verdoppeln und vervielfältigen.
- Eine Figur wird größer oder kleiner, je nach Abstand von der Leinwand.
- Skurrile Darstellungen und Verfremdungen.
- Gegenstände und Personen tauchen auf und verschwinden wieder.
- Darstellen von Gedanken und Gefühlen.
- Eine Figur wird aus mehreren Spielern gebildet.
- Spiel zwischen Menschen und einem Gegenstand, die Begegnung von Mensch und Material.

Schattenspiel sollte mit wenig Text auskommen. Die Spieler hinter der Leinwand bleiben stumm und deuten ein Gespräch mit übertriebener Gestik an. Bei der Verwendung von Musik sollte erst diese einsetzen, dann geht das Schattenspiellicht an und das Spiel beginnt. Das Eintreten einer Figur auf die Leinwand kann mit Geräuschen oder musikalischer Untermalung erfolgen. Beim Text erscheint erst das Bild und dann folgt die Sprache.

- Raffinierte Spielideen den Zuschauern nie verraten, um die Illusion zu erhalten!

Spielwand und Lichtquellen

Spielwand

Die einfachste Möglichkeit ist ein Leintuch, das in eine Türöffnung gespannt wird. Es bietet für Menschenschattentheater nur einen begrenzten Spielraum, ist jedoch gut geeignet für rasche Improvisationen. Ideal ist eine Leinwand aus mehreren zusammengenähten Leintüchern, aufgezogen auf eine Stange und an zwei Stativen befestigt.

Eine reizvolle Ergänzung ist ein mit Tuch oder Papier bespannter Bilderrahmen oder Reifen, um darin ein Schattenbild zu zeigen. Dieser Spielort ergänzt die Vorführung an der großen Leinwand.

Steh- oder Klemmlampe
Einfach und trotzdem wirkungsvoll ist eine Stehlampe oder eine Klemmlampe. Wenn sie hinter der Leinwand bewegt wird, verändert sich das Schattenbild, ohne dass der Spieler seinen Platz wechselt. Dieser Effekt kann zusätzlich zu einer anderen Lichtquelle eingesetzt werden.

Overheadprojektor
Das Menschenschattentheater kann mit Gegenständen, die auf den Overheadprojektor gelegt werden, ergänzt werden. Ein Hintergrund wird mit einer bemalten Folie gestaltet. Diese Lichtquelle hat einen etwa ein Meter von der Spielwand entfernten Bereich am Boden, in dem dort abgelegte Gegenstände oder Spieler für das Publikum unsichtbar bleiben. Dieser Raum eignet sich hervorragend für verblüffende Spielideen (Spieler/Gegenstände tauchen von unten auf oder verschwinden).
Bei dieser Lichtquelle wird möglichst nah an der Leinwand gespielt, damit die Füße nicht „abgeschnitten" werden.

Diaprojektor
Beim Diaprojektor lassen sich Dias als Hintergrundbild einblenden. Bei dieser Lichtquelle gibt es keinen „unsichtbaren Bereich".

Taschenlampe oder ähnliche bewegliche Lichtquellen
Die Lichtausbeute ist geringer. Effektvoll ist ein kreisrunder Taschenlampenstrahl, der die Aufmerksamkeit auf eine Sache lenkt.
Grundsätzlich gilt: Alle Lichtquellen möglichst nicht abrupt ausschalten, sondern mit einem Dimmer abblenden oder langsam ein Stück Karton vor die Glühbirne schieben.

Spielideen

Taschenlampenspiele
Ein schöner Einstieg ist das Experimentieren mit Licht und Schatten. Jedes Kind hat eine Taschenlampe dabei und paarweise wird im dunklen Raum ausprobiert, welche Schattenbilder sich an die Wand zaubern lassen. Ganz von selbst kommen die Kinder auf die Idee, Handschatten an die Wand zu werfen und neue Figuren zu erfinden.

Schattenpolonaise

Damit alle Mitspieler in einem Wechsel von Zuschauen und Spielen dabei sind, empfiehlt sich eine „Schattenpolonaise“ um den Vorhang herum. Dazu steht die Schattenspielwand frei im Raum. Die ersten Vorgaben kommen vom Spielleiter. Die Kinder ergänzen mit ihren Ideen.

- rennen, schleichen, rasen, hasten, hüpfen, laufen, joggen, latschen, springen, kriechen, stolpern, tippeln, wanken, trippeln, hecheln, tappen, schweben, taumeln, torkeln ...
  Hier fällt den Kindern bestimmt noch einiges ein!
- Königliche Gesellschaft, Tiere, Menschen in verschiedenen Situationen, Fußballmannschaft vor und nach dem wichtigen Spiel ...
- Verschiedene Altersstufen: alt, jung, Geschäftsmann/-frau ...
- Gefühle, Typen, Charakter: Dieb, hochnäsig, tollpatschig, traurig, verliebt, frech, neugierig ...

Begegnungen

Die Gruppe wird geteilt und stellt sich rechts und links vom Vorhang auf. Für die folgenden Spiele trifft immer ein Spieler von rechts und einer von links aufeinander.

Es begegnen sich:

- zwei Menschen, die sich nicht riechen können
- König und Diener
- Riese und Zwerg
- Prinzessin und Prinz
- zwei Freunde, die sich lange nicht gesehen haben
- Lehrer und Schüler
- ein junger und ein alter Mensch
- zwei Streithähne

Verfremdungen

Mit Material lässt sich herrlich experimentieren, um das Erscheinungsbild im Schatten zu verändern.

- Die Kinder tragen weite Säcke oder legen sich große Tücher um.
- Überdimensionale Kartonmasken.
- Pappteile werden wie ein Sandwich am Körper befestigt, um z. B. Tiere darzustellen.
- Kissen werden unter weite Kleidung gestopft.

Anregungen für einfache Szenen

Eine Figur mit 6 Armen
Drei Kinder stehen deckungsgleich hintereinander. Die Arme kommen nach und nach hervor und bewegen sich rhythmisch. Ein verblüffender Effekt ist, wenn zwei Spieler jeweils ihr rechtes bzw. linkes Bein anheben.

Aus einer Person entwickeln sich andere
Die Kinder stehen deckungsgleich hintereinander. Das größte Kind steht vorne. Nach und nach treten die Spieler rechts und links hervor.

Das Ungeheuer
Mehrere Kinder stellen zusammen ein Ungeheuer oder einen Drachen, unter der Verwendung von Verfremdungsmaterial, dar.

Die Operation
Eine witzige und verblüffende Szene findet beim Zahnarzt statt. Der Patient kommt mit dicker Backe (Wollknäuel unter einem Tuch, das um das Gesicht gebunden ist) zum Arzt. Er nimmt Platz auf dem Stuhl. Der Arzt kommt mit diversen Handwerkszeugen (Hammer und Meißel, Beißzange, Handbohrer) und operiert einen Riesenzahn (aus Pappe, der hinter dem Patienten hochgezogen wird) heraus.

Schlangenbeschwörung
Der Schlangenbeschwörer mit Turban und Flöte sitzt vorne am Vorhang und hat vor sich einen Korb. Zu den Flötenklängen taucht die Schlange auf. Von einem Spieler, der im so genannten „unsichtbaren" Bereich beim Overheadprojektor liegt, wird die Schlange nach oben geschoben. Eine gut bewegliche Schlange lässt sich aus mit Stoff umwickeltem Figurendraht herstellen.

Von der Hexe zur Prinzessin
Ein Kind verwandelt sich von einer Hexe in eine schöne Prinzessin (ein Spiel mit Papp-/Stoffteilen und Papiermasken), die an- bzw. abgelegt werden.

Der Flaschengeist
Eine bauchige Flasche liegt auf dem Overheadprojektor. An der Leinwand steht deckungsgleich ein Kind und versucht sich aus der Flasche zu befreien. Diese Szene erfordert eine gute Koordination zwischen dem Spieler und dem Kind, das die Flasche führt.

Die Spinne im Netz
Herrliche Effekte ergibt ein Spinnennetz aus Wollfäden, das auf den Overheadprojektor liegt. In diesem Netz verfängt sich ein Kind (an der Leinwand). Die Spinne ist eine Figur, die dem Opfer bedenklich nahe kommt.

Gullivers Kampf mit Objekten
Objekte liegen auf dem Overheadprojektor auf. Das Kind an der Leinwand wird von diesen bedroht oder spielt mit ihnen, z. B. Gullivers Kampf mit der Sicherheitsnadel.

Wasserspiele
Eine flache, mit Wasser gefüllte Glasschüssel (Vorsicht: sie sollte keinen Firmeneindruck am Boden haben) steht auf dem Overheadprojektor. In diese wird mit einer Pipette verschiedenfarbige Tinte hineingetropft. Das Wasser wird durch Blasen in Wellen versetzt.

Spiel mit Masken

Masken sind geheimnisvoll und faszinierend. Sie tarnen und entlarven gleichzeitig. Vielfältige Masken begegnen uns im Alltag: Grimassen, Gesichtsmaske, ein geschminktes Gesicht, Sportmaske, Helm, Überfallmaske, die Theatermaske des Schauspielers, die Karnevalsmaske, die Maske der Naturvölker als kultisch-religiöser Gegenstand, die Alltagsmaske, hinter der die innere Verfassung verborgen bleibt. Masken ziehen gleichzeitig an und schrecken ab. Sie haben immer etwas Magisches und Mystisches. Die Maske kann ein Schutz sein. Sie kann übertrieben grotesk gestaltet sein. Sie nimmt übernatürliche Darstellungen und Experimentierfreude auf.

Die lange Tradition

Es ist ein ursprüngliches Bedürfnis, sich zu verkleiden und in eine andere Rolle zu schlüpfen. Der Maskenträger schlüpft durch das Anlegen der Maske in das Wesen und die Gestalt dieser Figur und übernimmt die Kraft, den Ausdruck, die Macht und den Glanz dieses anderen Wesens. Er sieht die Umwelt mit den Augen der Maske und gestaltet sie aus diesem Blickwinkel. Bei den Naturvölkern hat das Tragen der Maske vor allem einen kultisch-rituellen Aspekt. Ich verwandle mich in das Tier, das ich erlegen möchte. Ich

beschwöre diesen Geist, dessen Maske ich trage. Die Maske ist ein Schutzschild und dient der Abschreckung, um die Geister zu vertreiben. In Schlachten wurden sie getragen, um den Gegner zu erschrecken. Die Kriegsbemalung ist ebenfalls eine Maske, mit deren Ausdruckskraft die Schlagkraft des Gegners geschwächt werden soll.
Im 18. Jahrhundert waren die Maskenbälle ein weit verbreitetes Vergnügen. Ungehindert konnte hinter dem Schutz der Maske geflirtet werden. Noch heute faszinieren die venezianischen Masken im Karneval.
Die Hauptfiguren der Commedia dell' Arte, „Pantaleone“ und „Arlecchino“ „Zanni“ und „Dottore“ tragen charakteristische Masken und stehen für ein Volkstheater, das seinen Ursprung in Italien hat. Die Verkleidung im Fasching ist eine Maskerade. Wir schlüpfen in einen anderen Typ und täuschen eine veränderte Person vor. Wir verbergen unser wahres Gesicht. Bei älteren Kindern lässt sich gut beobachten, wie sie im Fasching in der Verkleidung des Cowboys in die Rolle des unbesiegbaren Helden schlüpfen.

Maskenformen

Halbmaske
Halbmasken bedecken im wesentlichen die Augen, die Stirn und eventuell die Wangen. Die Mundpartie bleibt frei. Sie lassen damit noch etwas mimische Bewegungen und relativ deutliches Sprechen zu.

Vollmaske
Die Vollmaske bedeckt den ganzen Kopf und kann auch darüber hinausgehen. Sie ist schwerer zu spielen, weil hier der gesamte Körper für den Ausdruck eingesetzt werden muss. Vollmasken dürfen nicht zu schwer gebaut sein, damit sie noch tragbar und spielbar bleiben.

Larve
Sie bedeckt die Gesichtsfläche. Ein Tuch, das an dieser Gesichtsmaske angebracht ist, bedeckt die Haare des Spielers.

Das Besondere am Maskenspiel

- Die Maske verwandelt den Träger. Sie vermittelt das Gefühl, „ich als Person werde unsichtbar“. Hinter der Maske kann ich mich verstecken und Verhaltensweisen zeigen, die ich mich ohne sie nicht trauen würde. Das Tragen einer Maske auf der Bühne kann es vielen Kindern erleichtern aufzutreten. Ich bin ich und bin es gleichzeitig doch nicht.

- Das Spiel mit der Maske ist wirklich ein „Spiel mit der Maske“. Spieler und Maske bilden in der Bewegung eine Einheit. Mimik und Blick bleiben unsichtbar bzw. können sich nicht verändern. Der Ausdruck von Gefühlen und die Erzählung einer Geschichte werden über langsame, exakte und deutliche Körperbewegung und Gestik vermittelt.
- Die Maske wird so gespielt, dass der Gesichtsbereich dem Publikum zugewandt ist. Eine leichte Kopfdrehung nach rechts oder links ist möglich. Der Zuschauer wird desillusioniert, wenn der Hinterkopf mit den Haaren des Maskenträgers sichtbar wird. Eine Maske, die über den ganzen Kopf geht, kann sich nach allen Seiten zeigen.
- Die Maske schränkt das Blickfeld des Trägers ein. Ein sicheres Auftreten benötigt Übung und Eingewöhnungszeit.
- Hinter einer Ganzgesichtsmaske nicht sprechen. Die Stimme klingt dumpf und undeutlich. Die Bewegung der Maske wird mit Musik und Geräuschen begleitet.
- Die eigene Maske und die der anderen darf im Spiel nicht direkt berührt werden. Das Geräusch, bzw. der Eindruck desillusioniert den Zuschauer. Es wird erkennbar, dass es „nur Material“ ist.
- Es gibt Kinder, denen es unangenehm ist, ihr Gesicht zu verstecken oder sich etwas auf das Gesicht aufzusetzen. Dies unbedingt respektieren. Eventuell ist für sie eine Halbmaske besser geeignet.
- Masken wirken besonders eindrucksvoll, wenn auf sie ein „Spot“ fällt. Spotlight ist ein Scheinwerfer mit engem Lichtbündel für besondere Effekte.
- Kleidung ergänzt den Ausdruck und die Gestalt der Maske. Große weite Gewänder oder eng anliegende schwarze Kleidung lenken den Blick nicht vom Gesicht ab. Die Bekleidung sollte die Bewegungsfähigkeit nicht zusätzlich einschränken.

Zur Einstimmung in das Maskenspiel

„Grimassen schneiden“ als „Stille Post“

Eine Grimasse ist eine vorübergehende Maske. Zur Anregung für möglichst vielfältigen Ausdruck beim Bauen von Masken ist dieses Spiel ideal. Es ist gestattet, so gruselig, so komisch, so verdreht, so unüblich wie möglich auszusehen.

Die Kinder sitzen im Kreis mit dem Gesicht nach außen, Kopf gesenkt oder Augen geschlossen. Der Spielleiter beginnt und schneidet eine Grimasse. Er stupst den rechten Nachbarn an. Dieser darf die Maske sehen, nachahmen und an seinen Nachbar weitergeben. Beim letzten Spieler dürfen alle die Augen öffnen und Ausgangsmaske und angekommene Maske werden verglichen.

Grimasse weitergeben

Die Kinder sitzen oder stehen im Kreis. Der Spielleiter legt beide Hände auf sein Gesicht und formt dahinter eine Grimasse. Er nimmt die Hände wieder herunter und zeigt die Maske seinem rechten Nachbarn. Dann legt er die Hände wieder vor das Gesicht, „nimmt sich die Maske ab" und gibt sie „in der gewölbten Hand" weiter an den rechten Nachbarn. Dieser setzt sich diese Maske auf (legt die Hände vor das Gesicht) und zeigt sie dem Kreis. Er nimmt sich diese wieder ab („Hände wischen Maske ab"). Anschließend schneidet er hinter vorgehaltener Hand eine neue Grimasse zum Weitergeben.
Das Spiel fordert Mut, eine freche Grimasse zu machen und die Fähigkeit, genau hinzusehen und nachzuahmen.

Das Spiel mit der Maske

Die folgenden Übungen tragen dazu bei, dass das Spiel sicher wird und jede Maske ihre spezielle Ausdrucksform findet.

- Durch den Wechsel von Spielen und Präsentieren bekommen die Kinder die Gelegenheit, sich gegenseitig zu beobachten und Rückmeldung über die Wirkung der Maske zu geben. Unbewusst erweitert sich auf diese Weise das eigene Repertoire an Bewegungs- und Ausdrucksmöglichkeiten.
- Kinder sind noch relativ unbedarft. Sie setzen sich die Maske auf und kommen rasch ins Spiel. Um eine Maske ausdrucksstark zu spielen, braucht es Übungen, die bewusste Bewegungen und ein Gefühl für die Wirkung der Maske aufbauen. Die Maske braucht wie jede Rolle einen Charakter.
- Nach dem Spiel die Maske deutlich ablegen und in die Alltagsperson zurückkehren. Lassen Sie das Aufnehmen und Ablegen zum festen Ritual werden.
- Musikalische Anregungen zum Spiel mit der Maske finden sich im Kapitel *Der Vorhang schließt sich – Nützliches rund ums Theaterspielen* (Seite 169 ff.).

Spiegelspiel

Kinder möchten sich selbst mit der Maske sehen. Einen Spiegel aufstellen und Zeit lassen, sich ausgiebig zu betrachten.

Maske aufnehmen und ablegen

Die Kinder haben ihre Maske vor sich liegen und betrachten sie in Ruhe. Nach einer Weile erzählt jeder reihum etwas zu seiner Maske: wie sie wirkt, welche Stimmung sie ausstrahlt, wie sie sich bewegen wird, ihren Namen ...

Tanz mit der Maske

Die ersten Schritte in einer Maske lassen sich gut zur Musik machen. Die Auswahl sollte eine bunte Mischung sein und wechselt nach etwa zwei Minuten. So hat jede Maske die Möglichkeit, zu ihrer Musikart ihre Bewegungen zu finden. Anschließend darf sich jede Maske einzeln zu ihrer Musik präsentieren.

Begegnungen

Alle tragen ihre Maske und begegnen sich z. B. auf einem orientalischen Marktplatz, auf einer vornehmen Party, bei einem Kampf ...

Wechselstandbild

Dieses Spiel (Beschreibung siehe Seite 28) lässt sich mit Masken gut umsetzen.

Lautlos sprechen

Die Kinder bewegen sich mit ihren Masken und bekommen die Aufgabe, nur mit Gestik und Körper einen Satz oder ein Gefühl auszudrücken.
„Komm her." – „Geh weg."
„Ich mag dich (nicht)."
Einladen, Platz zu nehmen
Wut, Trauer, Freude, Zorn, Entsetzen, Liebe, Zweifel ...

Ideen für Szenen

- ***Fabeln und Lieder:*** Tierfabeln sind als Vorlage gut geeignet. Das Maskenspiel auf der Bühne wird begleitet von einem Erzähler. Beim Einsatz von Halbmasken können die Darsteller selbst sprechen.
  Ein Lied mit viel Gestaltungsfreiheit und der Möglichkeit, viele Kinder einzubinden, ist „Die Vogelhochzeit".
- ***Bilderbücher:*** Eine wunderschöne Geschichte mit der Möglichkeit, sehr fantasievolle Masken zu gestalten, ist das Bilderbuch „Wo die wilden Kerle wohnen".

Tanz und Pantomime

Die Maske steigert die Wirkung von Tanz und Bewegung. Die Bewegung von Fantasiemasken im Raum erhält eine Choreografie, das heißt einen festgelegten und wiederholbaren Ablauf. Vorhandene Tanzschritte, z. B. zum Lied „Makarena" werden von Maskenspielern ausgeführt.
Ein pantomimischer Auftritt wird durch den Einsatz von Masken verstärkt.

Anregungen zum Bauen von Masken

Das besondere am Maskentheater ist die Verbindung von bildnerischem Gestalten und Theaterspiel. Die Kinder bauen sich die Maske für ihr Spiel selbst. Der Herstellungsprozess gibt dem Kind Zeit, in seine Maskenrolle hineinzuwachsen. Bei einigen Bauanleitungen ist es erforderlich, dass sich die Kinder gegenseitig helfen. Das trägt zum Zusammengehörigkeitsgefühl bei.

- Planen Sie ausreichend Zeit für die Suche nach einer Idee, die Gestaltung und die technische Umsetzung. Manche Technik erfordert vor dem Weiterarbeiten eine Trockenzeit. Meist ist es nicht zu schaffen, in einem Treffen zu bauen und noch ins Spiel zu kommen.
- Kinder wissen oft genau, wie ihre Maske aussehen soll. Das gemeinsame Sammeln von Ideen erweitert die Vorstellung bei den Kindern, die noch auf der Suche sind. Die Kinder können ihre Maske erst aufmalen, der Gruppe vorstellen und noch Anregungen einholen.

Masken aus Eierkartons

Man benötigt ein Paar der außen liegenden Eierfächer vom Unterteil des Eierkartons. Der Schnitt mit der Schere führt genau mitten durch die Erhebungen, die das erste Paar vom folgenden trennen. Die Erhebung wird so weit zurück geschnitten, dass in der Mitte eine Schnabelspitze stehen bleibt. Außen herum wird eine gleichmäßige Rundung geschnitten. Die Schnabelspitze wird vorsichtig auf die andere Seite umgeklappt. In die Eierfächer werden zwei Augenlöcher geschnitten. Dieses Grundmodell kann mit Farbe, Papier und Wolle in eine witzige Vogelmaske verwandelt werden.

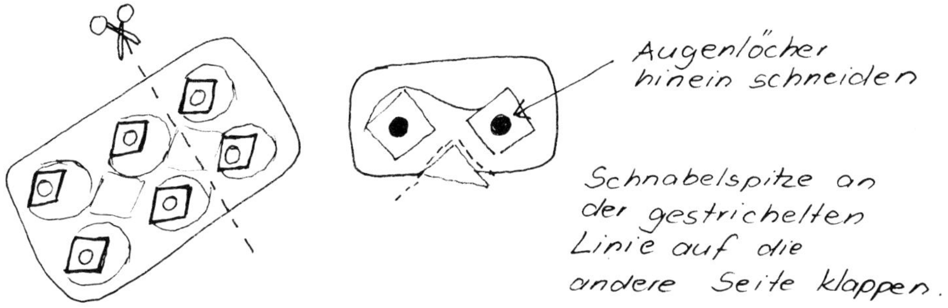

Gipsmasken
Material: Gipsbinden (in der Apotheke erhältlich; ca. 1 ½ Binden für ein Gesicht)
Das Kind, dem eine Maske aufgelegt wird, sollte bequem liegen und um den Schulter- /Nackenbereich ein Handtuch haben. Es kann ein Papiertaschentuch in die Hand bekommen, mit dem es selbst störendes ablaufendes Wasser abwischen kann.
Das Gesicht wird gut mit Fettcreme (z. B. Vaseline) eingecremt, vor allem im Bereich der Augenbrauen. Zusätzlich kann ein Stück Haushaltstuch über besonders empfindliche Teile gelegt werden.
Augen und Mundpartie werden freigelassen oder gut abgedeckt auch eingegipst. Die Gipsbinde wird in schmälere und breitere Streifen (1 bis 3 cm) geschnitten. Jeder Streifen wird kurz in lauwarmes (!) Wasser gehalten und sobald er weich wird, auf das Gesicht aufgelegt. Das Gesicht wird gleichmäßig mit cirka drei Schichten eingegipst.
Nach etwa drei bis fünf Minuten ist der Gips getrocknet. Er fühlt sich dann warm auf der Haut an. Das Kind, das eingegipst wurde, versucht selbst, durch das Schneiden von Grimassen die Maske zu entfernen.
Der äußere Rand der Gipsmaske wird gleichmäßig zurechtgeschnitten. Augen-, Nasen- und Mundhöhlen werden mit Gipsbindenstreifen am Rand sauber verkleidet. Individuelle Aufbauten werden ebenfalls mit Gipsbinden hinzugefügt.

Kinder, die sich keine Gipsmaske anlegen lassen möchten, sollten nie dazu überredet werden. Manchmal müssen sie es erst bei einem anderen Kind beobachten und fassen dann Mut.

Gipsmasken sind meistens zu schwer, um sie über längere Zeit bei einer Aufführung zu tragen. Sie lassen sich jedoch gut als Modell z. B. für eine genau auf ein Gesicht zugeschnittene Pappmaske verwenden.

Pappmachémaske
Material: Tapetenkleister, Packpapier
Auf das Gipsmodell werden mit Kleister cirka fünf Schichten Packpapierstreifen kaschiert. Gut trocknen lassen. Für den individuellen Ausdruck werden weitere Pappteile angefügt.

Papiermasken
Material: Schreibmaschinenpapier in DIN-A4, Buchbinderleinen (in gut sortierten Schreibwarenläden oder in einer Druckerei erhältlich), Büroklammern, Alleskleber

Das Blatt Papier wird quer oder längs in der Mitte zusammengefaltet. An diesem Falz entlang wird ungefähr bis zur Hälfte eingeschnitten (1) (hier wird sich die Unterkante der Nase befinden). Am Endpunkt des Einschnittes von der Faltkante her im rechten Winkel einschneiden (2). Etwa 2 bis 3 cm darunter wird parallel noch ein Einschnitt für den Mund gesetzt (3). Nun wird der gefaltete Bogen geöffnet. An den vier Ecken können im 45 Grad Winkel Einschnitte von cirka 4 bis 5 cm Länge erfolgen (4). Die Papierenden unter der „Nase" werden übereinandergeschoben und mit Büroklammern fixiert. Ebenso lässt man die Einschnitte in den Ecken überlappen und fixiert sie (5). Mit weiteren Einschnitten und Überlappungen z. B. im Stirnbereich oder an der Nase lässt sich der Charakter vervollkommnen.
Dieser Schnittmusterbogen wird an das Gesicht angelegt, um die Augen anzuzeichnen. Die Augenlöcher kann man ausschneiden oder nur am unteren Rand aufschneiden, nach oben klappen und so einschneiden, dass „Wimpern" entstehen. Wenn man mit dem Ergebnis zufrieden ist, werden die Büroklammern wieder entfernt und das Modell mit allen Schnitten wird auf ein gleich großes Stück Buchbinderleinen übertragen. Buchbinderleinen ist flexibel, lässt sich gut verkleben und reißt nicht so leicht.
Die Einschnitte werden wieder überlappt, verklebt und eventuell zusätzlich mit Bürohefter gesichert. Rechts und links wird ein schmaler Rundgummi angesetzt. Zuvor die Stelle an der Innenseite mit Klebstreifen verstärken (6).

Mit diesem Verfahren lassen sich relativ einfach und schnell pfiffige Masken herstellen. Der Vorteil ist, dass man erst mit dem Papier experimentieren kann und mehrere Versuche hat. Im Prinzip wird nichts weggeschnitten oder angeklebt, sondern nur durch Einschnitte und Verschiebungen entstehen vielfältige Masken.

Masken aus Papiertüten

Material: Kopfgroße Papiertüten möglichst ohne Aufschrift, Wollreste, farbiges Papier
Der Maskenträger setzt die Tüte auf. An den entsprechenden Stellen werden Augen und Mund angezeichnet und nach dem Abnehmen ausgeschnitten.
Die Maske bekommt eine Ausgestaltung mit Papier, Wolle und Stoff. Auf Wasserfarben verzichten, weil das Papier aufweichen kann.

Masken über einen Ballon

Material: Luftballon, Zeitungspapier, Tapetenkleister
Ein Luftballon wird mindestens auf die Größe des Kinderkopfes aufgeblasen und mit Papierstreifen kaschiert. Nach dem Trocknen wird am unteren Ende eine so große Öffnung hineingeschnitten, dass die Form gut über den Kopf gezogen werden kann. Abschließend ergänzen fantasievolle Pappmachéaufbauten die Maske.

Kartonmasken

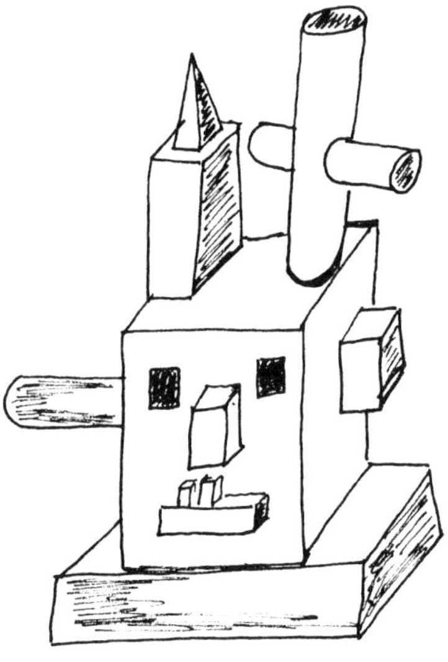

Material: große und kleine Pappkartons, Tapetenkleister, Zeitungspapier
Ein Pappkarton, der so groß ist, dass er gut über den Kopf des Kindes passt, ist der Grundstock. Weitere Kartons, Schachteln und diverses wertloses Material wird an- und aufgeklebt. Abschließend wird alles mit Zeitungspapier kaschiert und angemalt.
Das besondere an dieser Maske sind die eckigen und ungewöhnlichen Formen, die noch vermuten lassen, was wohl dazu verwendet wurde.

🎭 Die übergroßen Masken sollten so gebaut sein, dass das Gewicht gut verteilt ist. Der untere Rand kann auf den Schultern aufliegen. Das entlastet den Träger, schränkt jedoch die Bewegungsfähigkeit ein.
Eine Möglichkeit ist, einen „Helm“ aus Kartonstreifen in der Maske zu befestigen oder sie über einen ausgedienten Kinderfahrradhelm aufzubauen.

Maskenspiel mit Köpfen
Dies ist eine Idee zum raschen Spiel mit Masken. Aus Illustrierten oder von Plakaten werden große Köpfe ausgeschnitten und auf Pappe geklebt. Auf der Rückseite wird ein Haltestab aus Holz angeleimt und mit Klebstreifen gesichert. Dieses Modell wird wie eine Art Maske vor das Gesicht gehalten.

Noch ein paar technische Tipps

- Augenlöcher müssen nicht immer so groß sein wie das ganze Auge. Manchmal genügt es, wenn im Augenbereich mit der Stecknadel viele kleine Löcher nebeneinander eingestochen werden. Die Fläche mit Klebstreifen hinterkleben, um sie vor dem Zerreißen zu schützen.
- Weicher, dünner Rundgummi hat sich zum Halt am Kopf bewährt. Den betreffenden Punkt an der Maske innen mit Klebstreifen verstärken oder mit selbstklebenden Lochverstärkerringen sichern.
- Bevor die Maske ihren Auftritt bekommt, sollte geprüft werden, dass sie nicht verrutscht, ob sie richtig sitzt und die Augenschlitze am rechten Ort sind, damit das Blickfeld nicht unnötig eingeschränkt wird.
- Weil es unter der Maske recht schnell warm wird, sollte sie möglichst leicht sein.
- Die Maske sollte nicht unnötig das Atmen beeinträchtigen, darum im Nasen- oder/und Mundbereiche ausreichend Luftraum schaffen.

Clownerie

„Der Clown ist schlau und derb, anmutig und ungeniert, vielseitig und einfallsreich, einfühlsam und schadenfroh. Er beobachtet scharf und reagiert oft unerwartet. Er zeigt spontan, wie ihm zu Mute ist. Was die Konvention als Schwäche an Selbstdisziplin rügt, ist seine Stärke: er weint und lacht. Wie der Clown darf auch sein Publikum sein. Wenn es ihn auslacht, lacht es sich selbst aus. Wenn es mit ihm fühlt, fühlt es mit sich selbst."
Tristan Remy (1989, 14)

Clownerie ist ein intensives Spiel mit dem Körperausdruck und der Sprache. Es wird ergänzt mit Elementen aus der Pantomime, dem Maskentheater, dem Spiel mit Objekten und der Musik. Jedes Kind darf im Spiel seinen „Clown" entdecken. Das Spiel mit den „Tücken des Objekts", das Experimentieren mit Material und das neugierige Zugehen auf die Umwelt ist etwas, das dem eigentlichen Spiel der Kinder sehr ähnlich ist. Das Clownsspiel darf uns zum Lachen bringen, aber die Darsteller nicht lächerlich werden lassen. Ein Clown lässt sich durch nichts entmutigen. Er ist ein Meister der Ungeschicklichkeit, kann aber jedes Missgeschick zu seinen Gunsten umwandeln. Ein Clown ist keinesfalls eine dumme Person. Sein Spiel hat nichts mit Schlagen, Blamieren und Treten zu tun. Er ist eine Figur, die uns über unsere eigenen kleinen Missgeschicke schmunzeln lässt, zum Lachen bringt und Farbe in den grauen Alltag zaubert.

- Achten Sie darauf, dass die Kinder, die im Alltag die Rolle des Clowns haben, nicht noch mehr darauf festgelegt werden.
- Sammeln Sie in einem Anfangsgespräch die Vorstellungen der Kinder über einen Clown.

Der erste Schritt zum Clown: Die rote Nase

Ein Clown lebt von Übertreibungen, von seinen Eigenheiten, seiner Sprache und seinem unerwartetem Handeln. Ein Kennzeichen von unserem Clown ist die rote Nase. Sie hilft, sich leichter in die Rolle hineinzuversetzen und wieder auszusteigen.

- Die rote Nase ist Teil des Clownsgesichtes. Im Spiel darf weder die eigene noch die Nase des Spielpartners angefasst, geschweige denn vom Gesicht weggezogen werden.

Der Weg zum eigenen Clown führt über ein intensives Kennenlernen und Ausprobieren der Ausdrucksmöglichkeiten des eigenen Körpers und die Entdeckung dessen, was zu einem passt. Die spielerischen Improvisationen können schon der Grundstock für eine Szene werden. Bei allen Übungen wird immer die rote Nase getragen.

Ein Clown findet seinen Typ

Gehen und Haltung

Stopp and Go (siehe Seite 146) mit verschiedenen Anregungen in Bezug auf die Gangart und die Körperhaltung: Schnell, langsam, verträumt, schlürfen, stolpern, vornübergebeugt, aufgerichtet, in sich gekehrt ...
Mit der Zeit entscheidet sich jeder für einen Gang und eine Haltung, die zu seinem Clown passt.

Gestik
Hand- und Kopfbewegungen ausprobieren: Herumfuchteln, langsam, bedächtig, Finger abgespreizt, bestimmte Geste immer wieder ausführen, weit ausladend, Hände verdreht ...

Charaktereigenschaften
Diese Eigenschaften (Schüchtern, verträumt, neugierig, heldenhaft ...) werden gleich in verschiedenen Aktivitäten erprobt: etwas suchen, sich über etwas freuen, etwas verloren haben und es wieder finden, die Umgebung erkunden, erschrecken, etwas Unbekanntes entdecken ...

- Zu guter Letzt überlegt sich jedes Kind einen Namen für seinen Clown.
- In einer Vorstellungsrunde stellt jedes Kind seinen Clown vor (evtl. Fotos machen).

Improvisationen zu zweit
Die Spielszenen leben von den gegensätzlichen Clownstypen, die aufeinander treffen: dumm und gescheit, groß und klein, richtig und falsch hantieren, mutig und ängstlich ...
Zwei Clowns bekommen einen gemeinsamen Spielimpuls: Etwas Interessantes entdecken und sich gegenseitig zeigen, in eine gefährliche Situation kommen ...

Clownsroboter und Ingenieur
Einer ist „Clownsroboter“ mit einer roten Nase und der andere ist „Ingenieur“. Der Ingenieur bringt vorsichtig den Clown in verschiedene Körperpositionen. Dummerweise reagiert der Clownsroboter immer anderes als

gewollt. Nicht zu schnell spielen, sondern „Zug um Zug“: Erst handelt der „Ingenieur“, dann folgt die Reaktion des Clowns.

Fantasiesprache
Zwei Clowns begegnen sich und unterhalten sich in Fantasiesprache.

Spiel mit einem Gegenstand
Zwei Clowns fordern einen Besitzanspruch auf den gleichen Gegenstand ein: ein Stuhl, ein Buch, ein Spielzeug, eine Jacke, ein Regenschirm ...

Das klebt!
Ein imaginärer Gegenstand klebt an der Hand und man bekommt ihn nicht los. Sobald er von der einen Hand weg ist, klebt er an der anderen Hand. Wenn der Partner helfen möchte, dann bleibt er ebenfalls daran kleben. Am Ende kleben die Clowns an den unmöglichsten Stellen zusammen.

Ich zeig´s dir nicht
Der eine Clown versteckt etwas hinter seinem Rücken, das er dem anderen nicht zeigen möchte.

Nicht „nein“ sagen dürfen
Zwei Clowns begegnen sich. Der eine versucht, den anderen dazu zu bringen, auf seine Fragen mit „nein“ zu antworten. Reaktionen darauf übertrieben ausspielen.

„Hilfe, wir kleben fest!"
Zwei Clowns wollen unbedingt zusammen kommen und können das nicht, weil sie an ihrem Platz fest kleben.
Zwei Clowns wollen voneinander loslassen, können das jedoch nicht, weil sie aneinanderkleben.

Diese Spiele können zu kleinen wiederholbaren Szenen führen. Die Szene nicht endlos hinausziehen. Das ermüdet und wird langweilig. Einen Höhepunkt festlegen und ein klares, eventuell verblüffendes und unerwartetes Ende spielen. Die Kinder anregen, dabei ihren Clownstyp zu verfeinern.

Clownsstandbild
Ein Clown geht auf die Bühne, nimmt eine Haltung ein und erstarrt. Die nächsten Clowns stellen sich nach und nach dazu. Der Spielleiter klatscht in die Hände. Jedes Mal verändern alle Clowns etwas an ihrer Haltung und frieren sofort wieder ein. Ein wunderbares Spiel, um dabei Fotos zu machen. Nach mehreren Durchgängen kommen die Clowns gut in Schwung!

Jonglieren
Jonglieren mit Bällen, Tüchern, Tellern oder Gegenständen ist eine vielseitige Grundidee für einen Clownsauftritt allein oder zu mehreren: die Gegenstände führen ein spaßiges „Eigenleben", überraschend gelingt die Jonglage doch ...

Flohzirkus
Ein Clown tritt als „Dompteur" auf und holt einen „Floh" geheimnisvoll aus einer reich verzierten Schachtel. Er lässt diesen pantomimisch seine Kunststücke vollziehen, die er wort- und fantasiereich beschreibt: Tanz auf dem Seil, der dreifache Salto, Sprung durch den Ring ... Plötzlich ist der Floh verschwunden und findet sich wieder am Kragen eines Zuschauers in der dritten Reihe.

Auftritt mit verrückten Instrumenten
Die Clowns treten mit Fantasieinstrumenten auf und möchten gemeinsam eine „Raschel-Räusper-Quaak-Scharr-Tööth-Sinfonie" aufführen.
Zwei etwas ausgefallene „Instrumente" zur Anregung:

„Quaaackdose"
Über eine kleine Dose (etwa 6 cm hoch und 6 cm Durchmesser) wird ein Stück Leder (Waschleder aus der Haushaltsabteilung) gespannt, verklebt

und mit einem Stück Gummi noch gesichert. Durch dieses Leder wird mittig eine etwas 15 cm lange Schnur gezogen. Innen eine Perle als Gegenhalt einknüpfen. Am anderen Ende ein Holzstäbchen (10 cm) anbinden. In das Holzstäbchen eine Rille einkerben, damit die Schnur nicht herunterrutscht. Etwas Kreidestaub in diese Rille geben. Wird nun die Nylonschnur angespannt und gleichzeitig der Holzstab gedreht, entsteht ein quäkendes Geräusch.

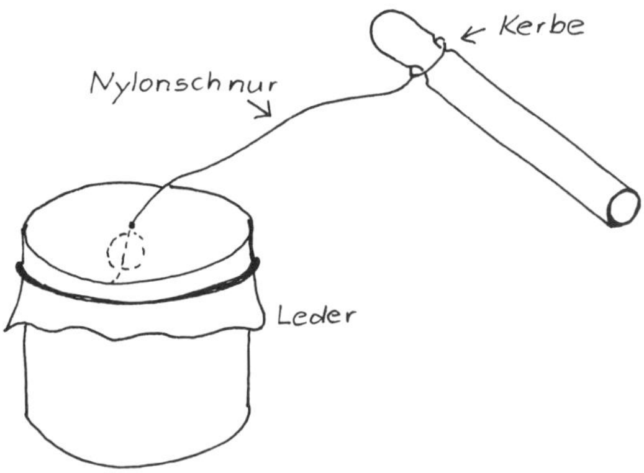

Schlauchtrompete

An das eine Ende eines Wasserschlauchs wird ein Trichter befestigt. Vom anderen Ende aus wird hineingesprochen, gebrummt, gesungen oder mit Lippenspannung hineingeblasen, um unterschiedliche Töne zu erzeugen.

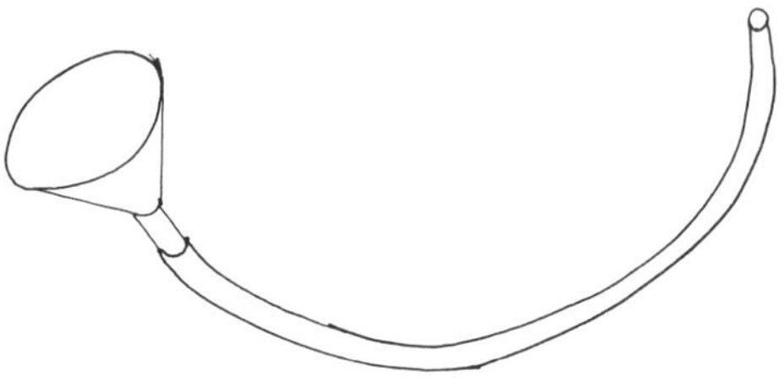

Clownsnummern „von der Stange“

Fertige, aufführungsreife Clownsszenen müssen auf die beteiligten Clowns zugeschnitten und genau einstudiert werden, damit die Pointe stimmt. Viel Spontaneität geht dadurch verloren. Besser ist es, Vorlagen als Anregung zu verwenden und auf die Spiellaune der Kinder zu vertrauen, selbst eine Szene zu entwickeln.

Das Kostüm

Ein Clown hat ein geschminktes Gesicht und ein fantasievolles Kostüm. Die Kinder können selbst ihre Kleidung entwerfen: viel zu groß oder viel zu eng, viel zu kurz, knallbunt, kein Teil passt zum anderen, ein feiner Anzug mit einer übergroßen grellbunten Blume …

- Das Kostüm ist ergänzendes Beiwerk. Hauptaugenmerk sollte beim Spiel und beim körperlichen Ausdruck liegen.

Schwarzes Theater – Spiel im Schwarzlicht

Schwarzes Theater kann humorvoll, heiter, fantastisch oder poetisch und auch mit schwarzem Humor versehen sein. Zaubereien, Gespensterspuk, Verwandlungen, Träume und Verblüffendes lassen sich sehr wirkungsvoll in bewegten Bildern darstellen. Es ist ein Spiel mit der Illusion. Der Zuschauer wird verzaubert und rätselt, wie wohl dieser oder jener Effekt erreicht wurde.
Im Schwarzen Theater werden helle Gegenstände von schwarz gekleideten Spielern vor einem schwarzen Hintergrund, bzw. in einem schwarzen Raum, der „black box", bewegt. Beim Zuschauer entsteht der Eindruck, dass diese Gegenstände aus dem Nichts auftauchen, schweben, sich auflösen und wieder zusammensetzen, sich verwandeln und verschwinden. Figuren und Objekte bewegen sich frei im Raum und sind weder an einen Ort, noch an eine Spielleiste oder eine feste Form gebunden.

Tradition

Die Tradition des Schwarzen Theaters scheint seine Ursprünge in China zu haben. Bei uns wurde es bekannt durch das 1961 gegründete „Schwarze Theater Prag". Es wird unterschieden zwischen „Schwarzem Theater" und „Schwarzlichttheater". Mit ersterem arbeiten vor allem große Bühnen. Die Objekte werden in einem Lichtkorridor aus stark gebündeltem Weißlicht bewegt. Einfacher für die Praxis mit Kindern ist das „Schwarzlichttheater": fluoreszierende Gegenstände werden im UV-Licht bewegt. Für viele Kinder ist es ein guter Einstieg in Bühnenerfahrungen, weil der Spieler unsichtbar agiert.

Der besondere Effekt

Schwarzes Theater erfordert Körperbeherrschung sowie die Bereitschaft zur Koordination und Kooperation. Eine Figur wird meistens von mehreren Spielern geführt.
Gestatten Sie den Kindern eine ausgiebige Experimentierzeit, um die vielfältigen und typischen Möglichkeiten dieser Technik selbst zu entdecken. Wenn sie die Technik verstanden haben, entwickeln sie schnell eigene Spielideen.

Schwarzes Theater darf nicht lediglich szenisches Spiel im Schwarzlicht präsentieren, vielmehr sollten seine Spezialitäten ausgelotet und ausgeschöpft werden:

- Ein Gegenstand erscheint oder verschwindet:
  Der Gegenstand wird von einem schwarzen Tuch verhüllt, das im rechten Moment weggezogen oder darübergezogen wird.
  Er taucht hinter einer Abdeckung auf oder geht dahinter ab.
  Die schwarze Rückseite wird nach vorne gedreht.
- Ein Gegenstand wird vergrößert oder verkleinert:
  Ein Stab oder ein Stoffband wird hinter einer Abdeckung hervorgezogen oder ein schwarzes Tuch wird langsam von einer Seite darüber gezogen.
- Ein Gegenstand vervielfältigt sich:
  Mehrere gleiche Gegenstände werden hintereinander gehalten, so dass sie sich verdecken, und dann einzeln nach vorne geholt.
- Ein Gegenstand schwebt:
  Er wird langsam am schwarzen Haltestab oder Halteteil durch den Raum bewegt.
- Eine Figur zerlegt sich oder setzt sich zusammen:
  Die Figur besteht aus Einzelteilen, die nach und nach auseinander oder zusammengehen.
  Eine Menschenfigur lässt sich mit Hut, Brille (aus Pappe), zwei Handschuhen und Sockenpaar andeuten. Alle Teile werden von je einem eigenen Spieler geführt und können sich dadurch in alle Richtungen frei bewegen.
  Leuchtende Pappteile schweben herein und setzen sich zu einem Wort zusammen.
- Eine Figur verwandelt sich:
  Ein Stoffband wird durch Festhalten und Knicken an bestimmten Stellen zu immer wieder neuen Formen zusammengestellt.
  Ein gespanntes Stoffband verwandelt sich in eine bewegliche Schlange.

Sehr unterschiedliche Talente arbeiten mehr oder weniger unsichtbar zusammen und tragen zum Gemeinschaftswerk bei: Spieler, die Gegenstände bewegen, Musiker und handwerklich begabte Kinder.

- Schwarzes Theater lebt von der Illusion, die mit technischen Tricks erzeugt wird. Die technische Umsetzung darf ein Geheimnis bleiben. Die Kinder unbedingt in diese „Verschwörung“ einbeziehen!

Die Rolle des „Schwarztuchhalters“
Er ist sehr wichtig, weil er mit dem schwarzen Tuch Gegenstände verdeckt oder sie hervor-„zaubert“. Die Kinder möchten meist lieber eine Figur führen. Ihnen muss die Bedeutung des „Schwarztuchhalters“ vermittelt werden bzw. sie müssen sie erleben, um diese Aufgabe gern übernehmen zu wollen.

Technische Voraussetzungen

Der schwarze Raum, die „black box“
Der Spielraum ist rundum schwarz ausgekleidet, z. B. mit schwarzem, schwer entflammbarem Bühnenmolton. Dieser Stoff ist relativ schwer, fällt dadurch gut und glänzt nicht. Er schluckt Geräusche, die hinter der Bühne ungewollt entstehen. Im Hintergrund und an den Seitenwänden sind verdeckte Öffnungen für den Auf- und Abgang der Spieler.

Der schwarze Raum muss sorgfältig behandelt werden. Immer mit Socken betreten und nur trockene Kulissenteile darin verwenden. Ein Farbfleck oder Fußspuren machen ihn unbrauchbar!

Hinter dem Vorhang sollte ausreichend Platz für Spieler, Requisiten und Kulissen sein. Die Kinder sollen hinter der Bühne von der einen zur anderen Seite durchgehen können. Rechts und links der Bühne verhindern Tücher den Blick hinter die Kulissen. Die ideale Bühne hat eine Spielfläche von mindestens 5 × 3 m und eine Höhe von etwa 2,5 m.
In die „black box“ darf kein Licht von außen gelangen. Fenster, die sich im Spielraum befinden, werden mit schwarzer Teichfolie aus dem Baumarkt abgeklebt.

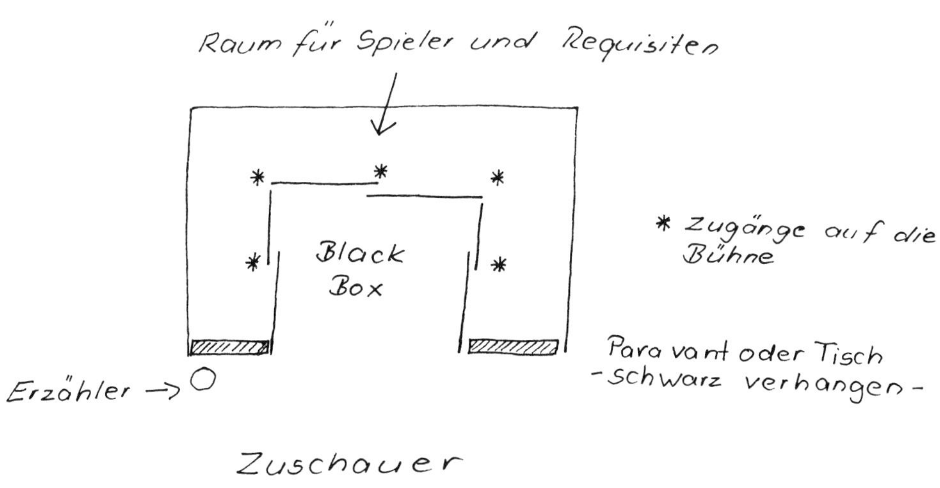

Eine frei stehende „black box“ lässt sich aus einem Hauszeltgestänge oder einem Zeltpavillon herstellen. Um eine ausreichende Höhe zu bekommen, werden die Füße zusätzlich mit Aluminiumstangen verlängert. Der Bühnenmolton wird von innen mit schwarzen Sicherheitsnadeln am Gestänge befestigt.

Der Zuschauerraum wird mit einem schwachen Licht erhellt, ohne dass dieses in die Blackbox strahlt. Die Augen der Zuschauer werden so vom helleren Licht geblendet und der dunkle Spielraum erscheint schwärzer.

Die Lichtquelle
Schwarzlicht bzw. UV-Leuchtstoffröhren (ca. 1 m Länge) sind im Lampenfachhandel oder im Diskothekenbedarf erhältlich. Sie werden rechts und links von der Bühne platziert und für den Zuschauer z. B. durch einen Holzparavant verdeckt. Das Licht sollte die gesamte Spielfläche gleichmäßig ausleuchten.
Für eine optimale Beleuchtung kann im oberen Bereich noch eine Lampe angebracht werden.

Diese Lampen sind empfindlich. Sie dürfen nicht zu oft ein- und ausgeschaltet werden. Der Standort ist so gewählt, dass möglichst keiner darüber stolpert. Schwarze Kabel verwenden!

Kleidung der Spieler und Spielerinnen

Die Akteure sind komplett schwarz gekleidet, tragen schwarze Handschuhe (weiße eingefärbte Handschuhe reichen nicht) und eine Haube. Optimal ist Kleidung aus dem gleichen Stoff wie der Bühnenhintergrund. Die Kleidung sollte bequem sein, damit man sich darin gut bewegen kann. Die Ärmel müssen lang genug sein, damit bei ausgestrecktem Arm keine Haut sichtbar ist. Ein Gummibund verhindert das Verrutschen.
Die Haube ist ein Stück Trikot, den es schon als Schlauch zu kaufen gibt. Wenn der Trikotstoff durchsichtig genug ist, braucht es keine Sehschlitze in Augenhöhe, was von Vorteil ist. Denn eingeschnittene Sichtfenster können während des Spiels verrutschen. Die Kinder sollten schon bald mit Hauben proben, damit sie sich daran gewöhnen und sicher agieren.

Die schwarze Kleidung muss sorgfältig gewaschen werden. Manches Waschmittel und vor allem Weichspüler hinterlassen Spuren durch die darin enthaltenen optischen Aufheller, die im Schwarzlicht sichtbar werden.

„Wer verschwindet komplett im Dunkeln?"
Nicht jedes Schwarz ist wirklich Schwarz. Jeans haben oft hellere Nähte, T-Shirts einen Aufdruck oder ein Typenschild. Achten Sie auf schwarze Socken und dunkle Unterwäsche. Vor einer Aufführung wird jedes Kind „getestet", ob es wirklich in der „black box" unsichtbar ist.

Die schwarze Kleidung nur beim Spielen tragen! Jedes Kind achtet selbst auf „seine" Handschuhe und „seine" Haube. Es bekommt eine mit seinem Namen versehene Plastiktüte, in der diese Requisiten bei Nichtgebrauch lagern.

Spielmaterial

Stoffe

Für das Spiel im Schwarzlicht sind leuchtende Stoffe und fluoreszierendes Material geeignet. Weiße Baumwollstoffe leuchten gut, Kunstfaserstoffe müssen getestet werden. Um dies beim Einkauf schon im Geschäft herauszufinden, empfiehlt es sich, sich eine kleine Schwarzlicht-Handlampe zuzulegen. Mit etwas Glück erhält man sie im Briefmarkensammlerbedarf.
Die beste Einkaufszeit für Stoffe liegt zwischen Halloween und Fasching, weil dann die Auswahl am größten ist. Fluoreszierende Jongliertücher sind im Spielwarenladen oder z. B. bei „pappnase" (Adresse siehe Seite 173) erhältlich. Nahtbänder aus der Kurzwarenabteilung leuchten gut und sind für wirkungsvolle Effekte verwendbar.
Eine gute Einkaufsquelle für fluoreszierende Gegenstände ist der Fachhandel für Dekorationsbedarf und Geschenkeläden, in denen es allerlei „Schnickschnack" zu kaufen gibt.

Schminke

Fluoreszierende wasserlösliche Schminke ist eine gute Ergänzung. Sie lässt sich sowohl im Gesicht verwenden, als auch für die Bemalung der Hände bei einem Fingertheaterspiel.

Fluoreszierende Farben

Sie sind im gut sortierten Bastelgeschäft erhältlich. Mit fluoreszierenden Wasserfarben lassen sich die Spielgegenstände zum Leuchten bringen. Es reicht, sich weiß, rot, gelb und grün zuzulegen. Das im Handel erhältliche Blau unterscheidet sich kaum von der weißen Farbe und von weißem Schreibmaschinenpapier.

- Unbedingt die Malerei von der „black box" fernhalten, um den schwarzen Stoff nicht zu verderben. Sogar das Wasser aus dem Pinselauswaschglas leuchtet im Schwarzlicht noch ausgezeichnet.
- Zum Hantieren mit fluoreszierenden Farben unbedingt Arbeitskleidung tragen. Ein Fleck genügt und die schwarze Kleidung wird unbrauchbar.
- Erst wird die fluoreszierende Farbe aufgetragen und anschließend wird alles, was unsichtbar bleiben soll, schwarz angemalt. Auch die Rückseite und die Seitenkanten! Zum Trocknen können die Teile in eine Styroporplatte gesteckt werden. Mit einem Fön lassen sich selbst gemalte Requisiten rascher trocknen.
- Fluoreszierende Farben aus der Sprühdose lohnen sich nur bei wirklich großen Flächen.

Fluoreszierendes Papier

Weißes Schreibmaschinenpapier leuchtet hervorragend. Rotes, gelbes und grünes Papier ist im Handel erhältlich. Entsprechende Formen werden ausgeschnitten und auf Pappe aufgeklebt.

Wolle und Schnüre

Wolle lässt sich effektvoll einsetzen z. B. für ein Spinnennetz. Der Faden sollte nicht zu dünn sein, damit er auch noch aus der Ferne erkennbar bleibt. Eine dicke Kordel lässt sich aus Bettlakenstreifen herstellen.

Kleidungsstücke

Mit weißen Baumwollhandschuhen (Faschingsbedarf oder Haushaltsabteilung) und weißen Socken lassen sich witzige und freche Bilder zaubern.

Spielgegenstände

Das Grundmaterial für Spielgegenstände sollte leichtes Material wie Pappe, Styropor oder Schaumstoff sein, für das einfachere Hantieren im Dunkeln. Das Besondere am Spiel im Schwarzlicht ist, dass die Gegenstände in der Regel zweidimensional gebaut sind. Es braucht keine komplizierten dreidimensionalen Konstruktionen.
Für einen Bewegungseffekt ist kein aufwändiger Mechanismus notwendig. Er wird so zerlegt, dass er von zwei oder mehr Personen umgesetzt werden kann.
Beispiel: Der Deckel eines Kochtopfes soll im Bild auf und zugehen. Kochtopf und Deckel bestehen aus zwei Teilen. Ein Spieler hält den Topf und der andere bewegt den Deckel.

Spielfiguren und/oder Teile davon werden auf stabile Pappe aufgemalt. Der Spielgegenstand bekommt einen schwarzen Haltestab oder hat eine schwarze Haltefläche rund um das Motiv, um es unsichtbar führen zu können. Wenn etwas von einem Spieler zum anderen weitergereicht werden soll, wird ein zweiter Stab angebracht.
Haltestäbe werden angeklebt und zusätzlich mit Kreppband gesichert. Größere Pappteile werden auf der Rückseite mit Holzleisten verstärkt, damit sie in Form bleiben.
Styroporkugeln werden leicht angeschmirgelt, damit die Farbe besser hält, angemalt und an einem schwarzen Stab geführt.

Mit der Zeit entwickelt jeder beim Stöbern einen Blick dafür, was sich gut verwenden lässt und mancher „Abfall" verwandelt sich im nächsten Stück in einen Spielgegenstand.

Der Zauberstab

Er besteht aus einem etwa 1 m langen und 1 cm dicken Rundholzstück, das in der Mitte weiß und an beiden Enden schwarz angemalt ist. Die schwarzen Enden dienen der Führung mit schwarzen Handschuhen, wenn er im Raum schweben soll.

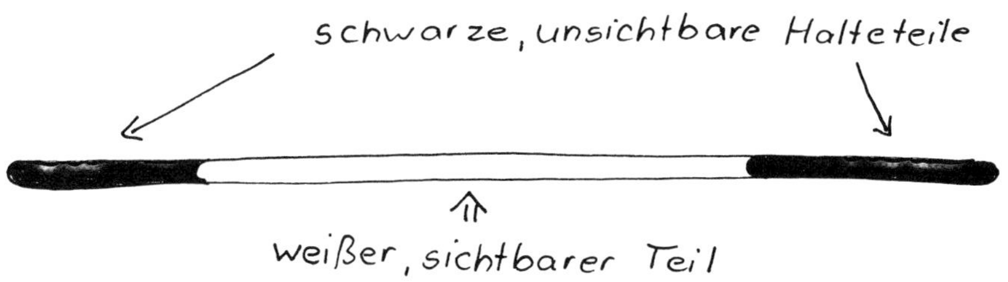

Ein beweglicher Mund

Ein übergroßer Mund wird aus Schaumstoff heraus geschnitten und mit fluoreszierender Farbe angesprüht. In zwei Schlitzen auf der Rückseite steckt jeweils eine Hand und bewegt ihn zum Sprechen.

Spieltechnik

Die Kinder sollen selbst die besonderen Möglichkeiten und Effekte unter einer behutsamen, nicht zu stark vorgebenden Anleitung ausprobieren. Wenn sie diesen Freiraum und diese Zeit bekommen, entdecken die Kinder schnell die Besonderheiten. Oft bringen sie Ideen, an die man selbst vorher nicht gedacht hat.

Was leuchtet? Was leuchtet nicht?
Die Kinder besitzen oft selbst fluoreszierende Gegenstände, die sie für ein erstes Ausprobieren mitbringen können. Eine „Materialkiste" mit mehr oder weniger leuchtenden Gegenständen regt zum Testen an.

Die Kinder können sich anfangs schwer vorstellen, dass eine Figur aus mehreren Spielern zusammengesetzt sein kann. Sie möchten „ihre" Figur spielen. In der Anfangszeit eher „ganze" Figuren einsetzen, die mit der Zeit so abgeändert werden, dass mehrere Spieler nötig werden.
Beispiel: Eine Maus besteht aus einem Körperteil und einem Schwanz. Die Maus kann von einem Kind geführt werden. Den beweglichen Schwanz übernimmt ein weiteres.

Die zusammengesetzten Figuren werden zunächst bei Tageslicht geprobt. Die Abläufe müssen klar sein, damit sie im Dunkeln ebenso reibungslos funktionieren. Manchmal ist viel Körperbeherrschung notwendig, um in einer bestimmten Stellung einen Teil einer Figur zu halten. Trotzdem darf es nicht in akrobatische Höchstleistungen und extreme Körperverrenkung ausarten, weil das im Dunkeln nicht leistbar ist.

Im Anschluss an das erste Experimentieren und Ausprobieren findet ein Austausch über die gesehenen Effekte statt und darüber, welches Ergebnis besonders wirkungsvoll war. An dieser Stelle können Sie noch Tricks und Tipps ergänzen.

Noch ein paar Tipps für ein gelungenes Bild

- Die Objekte dürfen sich nicht gegenseitig verdecken. Ein leuchtender Gegenstand wird immer vor einem schwarzen Teil oder Körper geführt.
- Die Objekte möglichst in einer Ebene führen. So besteht kaum die Gefahr, dass der Schatten des einen auf den dahinter liegenden Gegenstand fällt. Es gibt im Schwarzlicht kaum eine Tiefenwirkung.

- Mit dem Tempo spielen. Ruhige und langsame Bewegungen in Zeitlupe ergeben ein klares Bild. Wenn ein Gegenstand schnell geführt wird, entsteht hinter ihm ein Schweif wie bei einem Meteoriten.
- Den gesamten Bühnenraum als eine Art Bilderrahmen ansehen und die Szene darin entsprechend platzieren. Die Objekte eher in der Mitte bewegen und nicht am Boden halten.
- Für die Illusion ist es reizvoll, eine Figur aus Einzelteilen darzustellen und nicht nur von einem Spieler. Ungünstig ist, wenn der Spieler z. B. einen Rock selbst angezogen hat. Der Zuschauer „erkennt“ dahinter den Spieler. Wirkungsvoller ist es, den Rockbund an einer Holzleiste zu befestigen. So bleiben verblüffende Bewegungsmöglichkeiten im ganzen Raum.

Musik und Sprache

Zu den poetischen und zauberhaften Bildern passen am besten entsprechende Musik und Geräusche. Die Musik und die Bewegung der Gegenstände müssen aufeinander abgestimmt sein. Wenn die Musik aus der „Konserve“ kommt, geht die Bewegung darauf ein. Life-Musik begleitet die Bewegung auf der Bühne.
Es ist schöner, wenn erst die Musik kommt und dann das Bild erscheint. Sprache und Text sollte man zurückhaltend einsetzen. Die Spieler in der „black box“ bleiben stumm. Ein Erzähler oder Moderator wird vor der Bühne eingesetzt. Er sitzt seitlich und wird so angestrahlt, dass kein Licht in den Spielraum dringt.

Spiele zum Einstieg in das Schwarzlichttheater

Gewöhnung an begrenzte Lichtverhältnisse und an das UV-Licht
Das Spiel im Schwarzen Licht kann mit der Zeit müde und depressiv machen. Vor allem wenn draußen herrlich die Sonne scheint. Probeneinheiten im Schwarzlichtraum und bei Tageslicht sollten sich abwechseln. Den Spielraum immer gut lüften, damit frischer Sauerstoff die Müdigkeit vertreibt. Auf der Bühne agieren die Kinder ganz im Dunkeln. Die folgenden Spiele sollen sie an das fehlende Licht und die Leuchteffekte gewöhnen. Die genauen Spielbeschreibungen finden sich im Kapitel *100 und mehr Spielideen* (siehe Seite 141).

Netzknüpfen

Die Gruppe steht oder sitzt im Kreis. Ein Wollknäuel aus leuchtendem Material wird von einem Kind zum anderen jeweils über die Kreismitte geworfen. Der Fänger hält sein Ende fest und wirft es weiter. Um das Netz zu verdichten, kann das Knäuel zwei oder dreimal die Runde machen. Jetzt werden das Raumlicht aus- und das Schwarzlicht eingeschaltet. Der „Wow"-Effekt ist garantiert!
Jedes zweite Kind gibt sein Fadenende an den Nachbar weiter und darf sich unter das Netz legen. Zur Musik wird das Netz langsam oder schnell auf und ab oder hin und her bewegt. Anschließend wird getauscht.

Tüchertanz im Schwarzlicht

Die Hälfte der Kinder hält ein großes Stück weißen Tüll in der Kreismitte. Auf dem Tüll werden zur Musik leuchtende Tücher hochgeworfen und wieder aufgefangen. Die andere Hälfte der Gruppe liegt darunter und genießt den Anblick.

Tanz mit dem Zauberstab

Ein Kind steht als „Zauberer" in der Mitte vom Kreis. Es bekommt einen leuchtenden Zauberstab und bewegt ihn zu einer geheimnisvollen Zaubermusik. Nach etwa einer Minute gibt es ihn an ein anderes Kind ab.

Gordischer Knoten

Der Klassiker wird im Schwarzlicht gespielt und alle Kinder tragen weiße Handschuhe.

Goofy

Ein Begegnungsspiel, das komplett im Dunkeln gespielt wird.

Formen bilden

Die Kinder stehen mit geschlossenen Augen im Kreis. Sie versuchen nun, daraus ein Viereck und dann ein Dreieck zu bilden. Erschwert wird die Aufgabe, wenn die Kinder frei im Raum stehen und von dort aus losgehen.

Blinzeln ist gestattet. Auf der Bühne ist es später auch nicht stockdunkel.

Förderung der Kooperation und der Koordination

Die folgenden Spiele finden im Schwarzlicht statt und die Kinder tragen weiße Handschuhe.

„Handspielerei“

Dreier- oder Vierer-Gruppen bekommen die Aufgabe, mit ihren Händen gemeinsam ein Bild zu bauen. Das Thema kann vorgegeben werden oder die Gruppe denkt sich etwas aus, das von den Zuschauer erraten wird.

Die Handfiguren müssen in einer Ebene liegen und nach vorne gerichtet sein.

Handschlange

Die Hände aller Kinder bilden eine Schlange, die sich langsam, ohne den Kontakt zu verlieren, im Raum bewegt.

Körperbeherrschung trainieren

„An der Nase herum führen“

Die Spieler tragen weiße Handschuhe, dürfen die Partner durchwechseln und sich neue Opfer suchen.

Zeitlupe

Eine einfache Handlung zwischen zwei oder mehreren Personen wird bewusst in Zeitlupe gespielt, um die einzelnen Bewegungsabläufe zu verdeutlichen. Die Konzentration erhöht sich.
Beispiel: Ein Wettlauf, bei dem der Sieger ist, der als letztes im Ziel ankommt. Die Läufer müssen immer in Bewegung sein.

Ausdrucksschulung

Mit Hand und Fuß Gefühle darstellen

Die Kinder tragen weiße Handschuhe. Sie stellen durch Handhaltung oder Handbewegung ein Gefühl dar. Das Gleiche lässt sich mit den Füssen ausprobieren.

Effekte ausprobieren

Variationen mit einem Band

Vier Kinder gestalten mit den leuchtenden Bändern durch Zusammenlegen und Abknicken ein Bild im Raum zu einem vorgegebenem Begriff, z. B. Haus.

Spiel mit Gegenständen

Verschiedene einfache leuchtende Gegenstände (Handschuhe, Socken, Tücher, Bänder, Stäbe, Styroporkugeln) liegen aus. Nach Lust und Laune wählen sich die Kinder etwas aus und probieren, was damit im Schwarzlicht zu gestalten ist.

Anfangs nicht zu viel unterschiedliches Material auslegen. Mit weniger Material werden die Spielmöglichkeiten mehr ausgeschöpft. Nach und nach ergänzen.

Ergänzend darf ein Kind von außen dazu Regie führen.

„1 – 2 – 3"-Zusammenspiel

Die Gruppe wird durchnummeriert. Jedes Kind wählt einen Gegenstand. Die Nummern 1 und 2 gehen damit in die Black box und beginnen zusammenzuspielen. Nach etwa einer Minute kommt Nummer drei dazu und die Nummer 1 verlässt den Spielraum. Und so fort.

Das Spiel wird mit abwechslungsreicher Instrumentalmusik begleitet.

Diese Übung beinhaltet einen Wechsel zwischen Spielen und Zusehen. Die Zuschauer genießen nicht nur, sondern haben gute Ideen, die im nächsten Spiel wieder eingebracht werden.

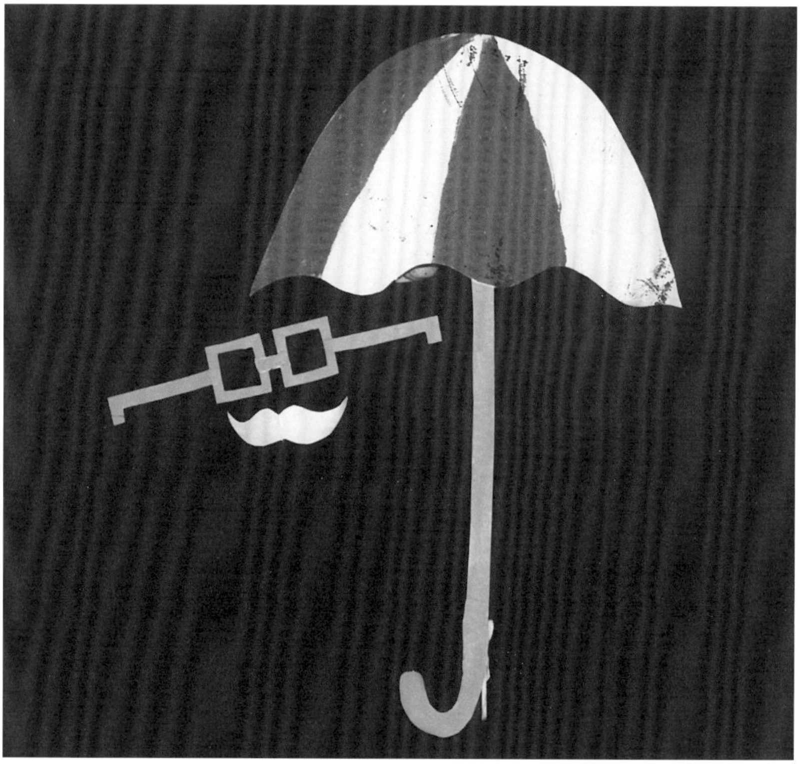

Anregungen für einfache und aufwändige Szenen

Ein Gegenstand wird lebendig
Es werden Gruppen gebildet, die jeweils nur ein Material bekommen und damit zu Musik eine kurze Szene improvisieren. Mit dem Ende des Musikstückes muss auch die Szene sinnvoll beendet sein.

Fingertheater
Hände und Finger werden mit wasserlöslicher Schminke bemalt und ein Gedicht oder ein selbst erfundener Vierzeiler wird so im Schwarzen Licht umgesetzt. Die Melodie von „10 kleine Negerlein“ ist gut geeignet, um dazu einen neuen Text zu erfinden.

Achtung Spukzeit
In der Nacht, in der Nacht,
wenn der bleiche Mond erwacht,
hört man vor des Schlosses Toren
grässlich grausliges Rumoren.
Eine Stimme zischelt: „Hier!
Schlossgespenster! Folget mir!
Es ist Spukzeit! Aufgewacht!
Hoch! Gleich schlägt es Mitternacht!“
Da! Kaum hat es zwölf geschlagen,
da geht's dem Schlossherrn an den Kragen.
Denn schon flitzen sie herbei
mit Gewimmer und Geschrei!
Flattern wild durch Tor und Fenster –
Hundertdreizehn Schlossgespenster!
Rumpeln, pumpeln, kichern, keuchen!
Bis sie – hui! – ganz schnell entfleuchen
Schluss! Die Spukzeit ist vorbei.
(Morgen spuken sie aufs Neu.)
Roswitha Fröhlich

Dieses gruselige Gedicht und andere Spukgeschichten eignen sich gut als Grundlage für szenisches Darstellen.

Unterwasserwelt
Mit fantasievollen Fischschwärmen, gefährlich aussehenden Meeresbewohnern und meeresuntypischen Fundstücken (Flaschen, Stiefel ...) wird ein Ausflug in das Element Wasser gestaltet.

Gemälde gestalten
Die Bilder von Künstlern (z. B. Klee, Kandinsky, Picasso, Monet) eignen sich sehr gut als Ausgangsidee für Darstellungen und Szenen im Schwarzlicht.

Zu guter Letzt: Hinweise für eine gelungene Aufführung

- Eine komplette Aufführung ist für jüngere Kinder eine Überforderung. Sie können nicht so schnell von einer „Rolle“ in die andere wechseln. Es empfiehlt sich ein Nummernprogramm, bei dem es für jede Szene ein neues Team gibt.
- Hinter der Bühne muss alles seine Ordnung haben! Mehr noch als beim „normalen“ Theater muss jedes Teil vor und nach der Benutzung an einem festen Platz liegen, um es im Dunkeln finden zu können.
- Die Kinder sollen ebenfalls ihren festen Platz haben. Darum sind mehrere Proben in Originalverhältnissen unerlässlich.
- Wenn der eigentliche Spielraum gut abgeschirmt ist, kann man mit Taschenlampenlicht die Abläufe hinter der Bühne erhellen.
- Rechts und links hinter der Bühne sind mindestens zwei Helfer empfehlenswert, um die Kinder bei ihrem Auftritt zu unterstützen.
- Geräusche sollten hinter der Bühne vermieden werden. Jedes Tuscheln ist im Zuschauerraum hörbar.
- Unbedingt darauf hinweisen, dass Fotografieren mit Blitz während der Vorstellung nicht erlaubt ist. Das Licht blendet die Zuschauer, so dass sie kurzfristig erkennen, was auf der Bühne eigentlich im Dunkeln bleiben soll. Auf diesen Fotos wären nicht der Schwarzlichteffekt, sondern die Spieler erkennbar.
- Eine Filmaufnahme ist aufgrund der geringen Lichtverhältnisse nur mit einer guten Kamera möglich. Im Film „verschwimmen“ die Gegenstände. Ansatzweise gibt eine Aufnahme einen Eindruck vom Spiel wieder. Die Kinder könnten möglicherweise von der Aufnahme enttäuscht sein, aber sie bekommen so eine Vorstellung von ihrer Aufführung. Immerhin können die gut gelungenen Momente gesammelt werden und die Anregungen verbessern die nächste Vorstellung.

100 und mehr Spielideen

In diesem Kapitel finden sich vielseitig einsetzbare Übungen und Spiele rund ums Theaterspielen. Altersangaben fehlen bewusst. Die Kinder und die Gruppen sind zu unterschiedlich, um eine allgemein gültige Angabe machen zu können. Der Spielleiter sollte sich das Spiel und seinen Verlauf vorstellen können und von daher entscheiden, ob es zur eigenen Gruppe passt und/oder dem Ziel entspricht. Jedes Spiel darf so verändert werden, dass es für die eigenen Bedürfnisse passt. So entstehen neue Ideen.

Einige spielpädagogische Anregungen vorweg

- Alle Übungen sind freiwillig. Ein Kind, das an einer Übung nicht teilnehmen möchte, hat seine, wahrscheinlich momentanen, Gründe. Dies sollte respektiert werden. Es kann zusehen oder als „Mitspielleiter" behilflich sein. Durch eine Aufgabe bleibt es im Spielgeschehen integriert. Es kann z. B. aufpassen, wer einen Fehler macht und ausscheiden muss. Beim nächsten Spiel wird es wieder zum Mitmachen aufgefordert. Wenn Kinder über einen längeren Zeitraum nicht mitspielen möchten, nach den Ursachen fragen und Abhilfe schaffen. Möchten zwei oder mehr Kinder nicht mitmachen und sitzen am Rand, kann es leicht zu Störungen kommen. In dem Fall klare Stellung beziehen, dass sie mitmachen sollen. Sie können eventuell eine Aufgabe bekommen, an der sie eine Weile tüfteln, z. B. sich einen Entwurf für das Bühnenbild ausdenken und aufzeichnen.
  Nicht zuletzt sollte der Spielleiter prüfen, ob das Spiel im Augenblick passend ist.
- Eine Übung nie gegen den Widerstand der Gruppe spielen. Der Spaß geht verloren und die Gemeinsamkeit.
- Bei einer Ansage oder einer Erklärung immer dafür sorgen, dass die Aufmerksamkeit gewährt ist und alle alles mitbekommen. Hilfreich ist dazu eine klare Struktur, z. B. sitzen oder stehen alle im Kreis, und ein klares Signal, z. B. ein Klatschrythmus. Erst wenn Ruhe eingekehrt ist, mit der Erklärung loslegen.

- Die Spiele benötigen unterschiedlich lange Erklärungen. Die Wortwahl vorher überlegen und eventuell aufschreiben. Später frei sprechen und nicht ablesen. Grundlegende Dinge (im Kreis stehen, Paare ...) zuerst nennen und ausführen lassen. Dann die Spielaufgabe mit dem Spielziel erklären.
  Manchmal kennen Kinder die Übung schon und möchten in ihrem Eifer bei der Erläuterung mithelfen. Die Erklärung des Spiels nur dann an ein Kind weitergeben, wenn Sie sicher wissen, dass das Kind es kann.
  Fragen der Kinder während der Erklärung möglichst bis zum Ende zurückstellen und dann darauf eingehen.
  Bei einer praktischen Vorführung sind die Kinder meist sofort bereitwillig dabei. Ab und zu bewusst ein (ruhiges) Kind auswählen.
- Während der Übung die Kinder und den Spielverlauf beobachten: Sind alle gleichmäßig in das Spielgeschehen einbezogen? Wie reagieren die Kinder bei den Körperübungen? Nimmt das Spiel / die Übung den gewünschten Verlauf oder müssen Regeln abgeändert werden? Einen guten Schluss finden, bevor die Spielfreude und die Konzentration nachlassen. Nicht einfach abbrechen. Die letzte Runde ankündigen oder die noch verbleibende Spielzeit nennen.
- Spiele und Übungen können thematisch stimmig zur geplanten Einheit erklärt und verändert werden:
  Beim Spiel „VIP" kann die gesuchte Person den Namen einer Märchenfigur bekommen.
  Spiele unter das Thema des Stückes setzen, z. B. Uhren
  Der Spielleiter leitet aus einer Rolle, z. B. als Zauberer verkleidet, heraus: „Ich verwandle euch ..."
- Empfehlenswert sind zwei Spieldurchgänge. Durch die Wiederholung entstehen kreative Lösungsstrategien, Varianten und neue Spielideen.
- Einzelne Vorführungen können bei mehr als 10 Kindern sehr lang werden. Möglicherweise können zwei Kinder gleichzeitig etwas zeigen.
- Eine eigene Spielekartei aufbauen und durchgeführte oder erlebte Übungen und Spiele mit Erklärung und Erfahrungswerten notieren.
- Nutzen Sie jede Gelegenheit, mit „Kollegen" eine Übung auszuprobieren, um möglichst viele Spiele selbst erfahren zu haben.
- Generell: Mut haben, Neues zu wagen!

Einteilung von Gruppen und Paaren

Jedes Kind muss sich sicher sein, dass der Partner oder die anderen Gruppenmitglieder es nicht verletzen möchten. Den Kindern immer wieder bewusst machen, Rücksicht zu nehmen.
Bei Vertrauensspielen sollen die Kinder vorrangig mit einem Partner ihrer Wahl zusammen arbeiten. Achten Sie als Spielleiter darauf, dass das Vertrauen zunimmt und jeder mit jedem gut arbeiten kann.
Viele Spiele können bewusst in zufällig zusammen gewürfelten Gruppen und Paaren durchgeführt werden. Um nicht nur immer auf „1" und „2" abzuzählen, sind hier ein paar Varianten zur Einteilung vorgestellt:

Puzzleteile
Die Anzahl der Postkarten entspricht der Gruppenzahl. Jede Karte ist in so viele Teile zerschnitten, wie die Gruppe Mitglieder haben soll. Die Kinder, die ein Puzzleteil der gleichen Karte haben, bilden eine Gruppe.

ABC-Stellen
Ein Spiel, in dessen Anschluss die Reihe zur Gruppenbildung abgezählt wird. Vorweg sortieren sich die Kindern wortlos nach Kriterien (Alphabetische Anordnung nach Vornamen, Geburtstag, Länge des Zeigefingers ...).

Gemeinsamkeiten
Jedes Kind sucht drei weitere Kinder, mit denen es eine äußere, biografische oder interessenbezogene Gemeinsamkeit hat. Es gelingt nicht immer eine Mischung, aber die Kinder entdecken neue Berührungspunkte.

Musikstop
Die Kinder bewegen sich zur Musik frei im Raum. Endet die Musik, nennt der Spielleiter eine Zahl. Dementsprechend findet sich eine Anzahl von Kindern zusammen. Beginnt die Musik wieder, trennen sich die Gruppen. Nach etwa 3 bis 5 Runden kommt die Zahl, die die benötigte Kleingruppe Mitglieder haben soll.

Partner suchen
Jedes Kind zieht einen Zettel, auf dem eine Begrüßungsform steht (Hände schütteln, Umarmen ...). Jede Form kommt zweimal vor. Auf das Zeichen des Spielleiters begrüßen sich die Kinder laut nach ihrer Vorgabe und suchen ihren Partner.

Kennen lernen und Einstieg

Name und Geste

Die Kinder stehen im Kreis. Ein Kind nennt seinen Namen und macht dazu eine Geste. Alle Kinder der Gruppe wiederholen den Namen und die Geste mit: „Das ist (Name) und sie macht immer so (Geste)." Vor Beginn des Spieles überlegt sich jedes Kind eine typische Geste. Die Geste kann um ein Geräusch erweitert werden.

Der Spielleiter macht gleich zu Beginn eine sehr ausschweifende und unübliche Geste, um zu ähnlichen Ideen anzustecken.

Ballkreis

Die Kinder stehen im Kreis. Der Spielleiter wirft einem Kind einen Ball zu und nennt dabei seinen eigenen Namen. Das Kind wirft den Ball an jemand anderen weiter. Wer einmal den Ball bekommen hat, legt seine Hand auf den Kopf und darf nicht mehr angeworfen werden. Zum Schluss geht der Ball an den Spielleiter zurück. Nun wandern alle Hände runter und zur Übung noch mal in der gleichen(!) Reihenfolge den Ball zuwerfen.
In der nächsten Runde (die Reihenfolge bleibt gleich) wird nicht der eigene Name genannt, sondern der des Kindes, dem der Ball zugeworfen wird.
Nach und nach werden mit der gleichen Reihenfolge immer mehr Bälle ins Spiel gebracht.
Um das Spiel zu Ende zu bringen, hält der Spielleiter nach einer Weile die Bälle zurück, die bei ihm ankommen.

Ein wunderbares Spiel um die Namen kennen zu lernen, aber auch für Gruppen, die sich schon kennen. Das entstehende Chaos und Durcheinander ist gewollt und dient dem Abschalten und der Spielfreude! Es fördert die Konzentration, wenn der Spielrhythmus eingehalten werden soll.

Das Spiel kann auch mit folgenden Varianten gespielt werden:
1. Variante: Es gibt eine zweite Reihenfolge – z. B. rückwärts zur ersten, die gleichzeitig im Kreis „läuft". Vorwärts wird eine Ballfarbe geworfen, rückwärts eine andere.
2. Variante: Noch mehr Bewegung und Platzwechsel. Der Name des Kindes wird erst gerufen, dann geht man an dessen Platz. Das angerufene Kind nennt den nächsten Namen und geht los.
3. Variante: Mehrere Bälle in die eine Richtung und den Platzwechsel in die andere Richtung.

Lockern und Warmwerden

Isolationsübungen

Isolationsübungen dienen dazu, dass die Kinder die Bewegungsfähigkeit und -möglichkeit der einzelnen Glieder spüren und mit der Zeit gezielt einsetzen können.

Die Kinder stehen dabei entspannt, das Gewicht ist auf beide Beine verteilt. Der Spielleiter gibt die einzelnen Körperbereiche der Reihe nach vor, die isoliert bewegt werden: Kopf, Schulter, Arme, Hände, Finger, Brustkorb, Hüfte und Becken, Knie, Füße.

Während der Übung darf man das Atmen nicht vergessen. Alle Bewegungen müssen locker und fast ohne Anstrengung ausgeführt werden. Nicht überdehnen oder extrem ausweiten! Vorsichtig experimentieren, welche Bewegung möglich ist.

Erwachen und Versteinern

Die Kinder stehen „versteinert" (ohne Bewegung). Langsam wird Teil für Teil der Körper lebendig. Es beginnt beim kleinsten Finger über die anderen Finger hin zur Hand, dem Arm, Oberkörper, Kopf, Hüfte, Beine, Füße. Zum Schluss ist alles gleichzeitig in alle Richtungen in Bewegung. Tanz und Bewegung durch den ganzen Raum. Abschließend werden die Bewegungen Stück für Stück zurückgenommen, bis zuletzt nur noch der kleine Finger wackelt. Sich steigernde Trommelmusik unterstützt das Spiel.

Abklopfen

Diese Übung wird einzeln oder im Rückenbereich paarweise durchgeführt. Der Körper wird locker, mit der offenen Hand oder mit einer leichten Faust abgeklopft. Man beginnt an den Schultern, außen am Arm herunter bis zu den Fingerspitzen. Dort wird die Hand gedreht und auf der Arminnenseite wandert man wieder in Richtung Schulter. Über die Brust zur anderen Seite wandern und dort ebenfalls abklopfen.

Von der Hüfte außen am Bein entlang bis zu den Zehen und auf der Innenseite wieder hochkommen. Am Kopf leicht klopfen, wie feiner Regen der auf Haut und Haar fällt.

Der Rücken wird paarweise abgeklopft. Die Handfläche leicht gewölbt halten. Vorsichtig von oben nach unten abzuklopfen, bis in die Füße. Abschließend am Körper entlang abstreifen.

Diese Übung lässt sich in eine Geschichte „einpacken“: Auf dem Dachboden wird etwas gesucht (strecken und dehnen, um aus der hintersten Ecke etwas hervorzuholen), anschließend wird der Staub abgeklopft.

Wasserkraft aus dem Boden schöpfen
Locker stehen und die Knie leicht beugen. Mit offenen, leicht gewölbten Händen vom Boden das Wasser schöpfen (einatmen), nach rechts und links (ausatmen und Arme ausbreiten und wieder sinken lassen) in die Zweige schicken. Erneut Wasser schöpfen und nach oben in die Krone schicken (Arme nach oben strecken und seitwärts absinken lassen).

Bleistift an der Nasenspitze
Die Nasenspitze ist ein Bleistift. Damit „schreibt“ jeder seinen Namen auf das „Luftpapier“. Locker im Hals- / Nackenbereich bleiben!

Die lästige Fliege
Eine freche Fliege umschwirrt das Gesicht und setzt sich immer wieder irgendwo hin. Nur durch Mimik darf sie verscheut werden.

Bewegung

Stopp and Go
Diese Übung kann in unzähligen Varianten eingesetzt werden. „Stopp“ ist das Kommando für Anspannung und einfrieren („freeze“) von jeder Bewegung, ohne Energie und Körperspannung zu verlieren. „Go“ ist das Zeichen für Entspannung und Bewegung. Zur Unterstützung wird jedes Mal in die Hand geklatscht.

- Im „eingefrorenen“ Zustand gibt der Spielleiter einen neuen Impuls, der bei „Go“ umgesetzt wird.
- Wenn die beiden Kommandos und das Klatschen klar eingeführt sind, können sie an die Gruppe abgegeben werden. Die Kinder bringen damit eigene Ideen ein.
- Als Spielleiter ab und zu selbst ein „Stopp“ und „Go“ bringen, um damit einen rascheren Wechsel zwischen den Impulsen zu ermöglichen und den Verlauf zu steuern.

Spots in Movement: Begegnung
Die Kinder gehen durcheinander im Raum. Bei „Stopp“ kommt ein Impuls, der bei „Go“ umgesetzt wird.

- möglichst viele Hände schütteln
- vielen auf die Schulter klopfen
- schnell alle vier Wände des Raumes berühren
- zu zweit auf einem Stuhl sitzen
- möglichst vielen an die Ferse fassen, ohne selbst angefasst zu werden
- sich an jemanden herantasten
- einander ein Loch in den Bauch reden
- jemanden an der Nase herumführen
- einander die Zähne zeigen
- begrüßen wie in ... (Deutschland, England, Amerika, Indianer ...)
- einander beschnuppern
- einander bemitleiden
- zusammenhalten wie Pech und Schwefel
- jemanden auf Händen tragen
- jemanden an der Flucht hindern
- jemandem etwas nachtragen

Spots in Movement: Zur Bewegung

- zur nächsten Musik rückwärts gehen
- durch den Raum mit weit ausgebreiteten Armen fliegen
- schleppend voran kommen
- Extremhaltungen einnehmen: ganz groß, ganz winzig klein ...

Spots in Movement: Ausdrucksfähigkeit und Vorstellungskraft

- Über unterschiedlichen Boden laufen: Pfützen, Sand, spitze Steine, Moos, Gestrüpp, Leim, Wolken ...
- Verschiedenes Wetter: Gewitter, strahlende Sonne, erdrückend heiß, Nieseln, Dauerregen, Schneegestöber ...
- Verschiedene Gefühle: traurig, fröhlich, erdrückt, hochnäsig, frech, verliebt, neugierig ...
- Mit verschiedenen Schuhen gehen: hochhackige Schuhe, Fußballschuhe, ausgelatschte Schuhe, viel zu groß, viel zu klein, Schneeschuhe, Schlittschuhe, Hausschuhe ...

Spots in Movement: Improvisation und verschiedene Rollen

- Bestimmte Situationen: Fußballplatz, Party, Empfang, Ausflug von alten Damen, Kampf der Prinzen gegen die Drachen ...
- Es regnet und mindestens zwei Leute stehen unter einem Schirm.
- Begegnung von verschiedenen Typen (je eine Hälfte der Gruppe hat eine andere Rolle): Riesen – Zwerge, Schüler – Lehrer, Arm – Reich ...

Bei diesen Übungen sind unendlich viele Varianten möglich. Die Auswahl ist vom Ziel abhängig: Begegnung, Erhöhen der Vorstellungskraft, Erweitern der Ausdrucksfähigkeit, Experimentierfreude, Improvisationsfähigkeit oder eine Einführung in eine Rolle.

Übungen und Spiele, um im Raum „anzukommen"

Beim Gehen durch den Raum hat jedes Kind die Zeit anzukommen und den Spielraum zu entdecken. Jeder ist im wahrsten Sinne des Wortes „in Bewegung". Das Gehirn kommt in Bewegung und die Ideen können sprudeln. Der Raumspaziergang darf nicht lästig werden. Den Kindern den Sinn erklären und das Gehen spielerisch aufgreifen und eventuell in eine Geschichte einpacken. Ideen der Kinder spontan mit aufnehmen.

- Alle Anregungen durch den Raum zu gehen, lassen sich auf ein gewünschtes Thema beziehen.

Gehen im Raum

Die Kinder gehen durcheinander und sollen dabei den Raum entdecken. Die Laufrichtung von jedem ist unterschiedlich. Die Kinder gehen für sich allein, vermeiden Berührungen und konzentrieren sich auf sich selbst. Der Spielleiter gibt Anregungen für den Weg:

- Möglichst weit außen / innen
- Immer über den Mittelpunkt
- Einen langen Weg von einer Seite zur anderen suchen ...

Unsinnsnamen

Die Kinder gehen rasch durch den Raum, zeigen dabei auf einen Gegenstand und sagen laut seinen Namen. Die Steigerung ist, dass auf etwas gezeigt wird und dazu ein Fantasiename genannt wird.

- Variation: Auf etwas zeigen und dazu den Namen sagen von dem, auf das man zuvor gezeigt hat.

Einer geht – einer steht

Die Kinder sind einzeln im Raum verteilt. Jeder hat einen Partner, von dem er weiß, wo er steht. Einer der Partner darf nun gehen, während der andere stehen bleibt. Sobald der erste steht, darf der andere loslaufen. Das wechselt ohne Worte, nur mit Aufmerksamkeit hin und her. Einfach loslaufen ist erlaubt. Dann muss der vorherige „Läufer" stehen bleiben.
Das Spiel fördert die Konzentration und die Aufmerksamkeit.

Variante:
Eine interessante Steigerung ist, wenn vorher keine Paare gebildet werden, sondern jeder sich heimlich im Laufen jemanden aussucht. Durch Stehen bleiben und Gehen versucht jeder herauszufinden, ob er einen Partner hat.

Schrittart vorgeben
Dieses Spiel ist ähnlich wie das vorangegangene, erfordert jedoch noch mehr Konzentration und Aufmerksamkeit: Die Kinder gehen im Raum durcheinander. Bleibt ein Kind stehen, müssen das sofort alle anderen auch. Das Kind, das wieder losgeht, gibt das Tempo und eine Schrittart für alle vor.

VIP – „Very important person"
Die Kinder gehen durcheinander im Raum und suchen sich heimlich ein anderes Kind aus (die „Very Important Person"). Sie achten darauf, wo sich dieses Kind im Raum befindet.
Auf das Zeichen des Spielleiters versuchen alle gleichzeitig, ihre „VIP" festzuhalten. Das Spiel fördert auf lockere Weise den Körperkontakt.

Freund – Feind
Die Kinder gehen durcheinander im Raum. Sie wählen sich zunächst heimlich ein anderes Kind, das ihr „Feind" ist (unbedingt erwähnen, dass das nur für dieses Spiel gilt!), anschließend ein Kind, das ihr „Freund" ist. Der „Freund" kann vor dem „Feind" beschützen. Auf „LOS!" versuchen alle gleichzeitig, dass sich immer ihr „Freund" zwischen ihnen und ihrem „Feind" befindet. Nach etwa einer Minute gibt es ein „Stopp" zum Stehen bleiben. Die rechte Hand zeigt nun in die Richtung des „Freundes", die linke in die Richtung des „Feindes". Bei wem beide Hände in die gleiche Richtung zeigen, der ist erfolgreich gegen den „Feind" geschützt. Dieses Spiel bringt sehr viel Schwung und Spaß in die Gruppe.

Goofy
Die Kinder gehen mit geschlossenen Augen durch den Raum. Wenn sie einem anderen Kind begegnen, geben sie sich die Hand und fragen „Goofy?" Stellen beide die Frage, ist keiner von ihnen die gesuchte Person. Der Spielleiter flüstert einem Kind ins Ohr, dass es „Goofy" ist. Wird ihm die Hand geschüttelt, gibt es keine Antwort. Wer „Goofy" getroffen hat, bleibt an ihm dran und wird selbst zu „Goofy". Am Ende sollte eine lange Schlange entstehen.

Clown of Amsterdam
Unter diesem Namen verbirgt sich ein sehr lustiges Spiel. Die Kinder gehen frei durch den Raum, verfolgen unauffällig ein anderes Kind, ahmen dessen Gangart und Bewegungen nach. Wer sich verfolgt fühlt, dreht sich rasch um und prüft es nach. Falls es Verfolger gab, schauen diese „ganz unschuldig". Es darf furchtbar übertrieben und ganz unschuldig geschaut werden!

Verfolgungstanzen
Das Spiel ist ähnlich wie „Clown of Amsterdam", dieses Mal mit fetziger Musik und noch mehr Übertreibung. Die Kinder gehen hintereinander und bewegen sich zur Musik. Das erste Kind gibt die Bewegung vor, die von den nachkommenden übertrieben karikiert und nachgeahmt wird. Plötzlich dreht sich das erste Kind um und erschreckt das zweite, dieses dreht sich um und erschreckt das dritte, bis zum Ende. Wer erschreckt wurde, darf natürlich entsprechend entsetzt reagieren. Das letzte Kind geht nach vorne und der Tanz beginnt von Neuem.

„Follow the leader"
Die Kinder tanzen im Kreis. Einer gibt Bewegungen vor, die von allen nachgeahmt werden. Nach etwa einer Minute gibt der Vortänzer das Kommando an ein anderes Kind.
Empfehlenswert ist dazu der Song „Lollipop" von The Chordettes, u. a. auf der CD „Eis am Stiel 1". Bei jedem „Plopp" wechselt der Impuls zu einem anderen Kind.

Blinder Tanz
Die Kinder bilden Paare. Ein Kind schließt die Augen und darf sich mutig zur Musik bewegen. Das andere Kind beschützt es beim Tanzen, dass es nirgendwo anstößt.

Wie ein Blatt im Wind
Die Kinder bilden Paare. Das erste Kind stupst das zweite Kind an einer Stelle am Körper an. Dieses macht sich ganz leicht und lässt sich durch die Berührung wie ein Blatt im Herbstwind durch den Raum treiben.

Das große unheimliche Tier
Alle Kinder bilden zusammen ein unheimliches, großes Tier. Das Tier kann nicht auseinanderfallen, weil alle Kinder miteinander „verklebt" sind. Vorsichtig bewegt sich das Tier durch den Raum. Bei einer großen Gruppe kann es zwei „Tiere" geben, die sich begegnen.

Farbknäuel

Der Spielleiter nennt nach und nach eine Farbe, die die Kinder gleichzeitig mit einem Körperteil berühren sollen. Die vorher gemachten Angaben bleiben gültig.
Mit der rechten Hand etwas Rotes.
Mit der linken Hand etwas Schwarzes.
Mit dem linken Fuß etwas Gelbes.
Mit dem rechten Fuß etwas Grünes.
Mit dem Kopf etwas Braunes.
Mit der Schulter etwas Blaues
usw.

Dreh-Hopps-Wipp-Tuuth-Maschine

Wir gehen alle auf einem Dachspeicher spazieren und finden dort: Ein Pedal von einem alten Fahrrad, das wir ausprobieren (die Arme vor dem Körper drehen). Daneben liegt eine alte Matratze, auf der sich herrlich hopsen lässt (hopsen). Über die Matratze legen wir noch das Brett zum Wippen (mit dem Oberkörper vor- und zurückwippen). Da hängt das alte Ofenrohr, in das wir hineintuten. (tuuuuuuuth, tuuuuth ...) Zum Schluss alles gleichzeitig.

„An der Nase herum führen“

Die Kinder bilden Paare. Ein Kind führt das andere mit der Handfläche, die sich etwa 10 cm entfernt von der Nase befindet. Der Abstand bleibt immer gleich.
Für die Augen ist es angenehmer, wenn die Hand am Ende nicht einfach weggezogen wird, sondern langsam absinkt. Mindestens zweimal wechseln, um genügend Ideen auszuprobieren.
Das führende Kind kann auch an jeder Hand jemand „kleben“ haben.
Eine lebendige Variante ist, wenn man von einem anderen Paar das geführte Kind abnehmen kann.
Witzig wird es, wenn der Wechsel zwischen dem geführten und dem führenden Kind fließend ist und einer den anderen an der Nase herumführt.

Die Regeln müssen für alle ganz klar sein. Das Spiel braucht ausreichend Platz und eine vertrauensvolle Atmosphäre.
Es ist hervorragend geeignet, unübliche Bewegungsformen und Körperverrenkungen auszuprobieren und zu erfahren.
Mit Musik begleitet, lassen sich auf diese Weise Tänze erfinden.

Gordischer Knoten
Die Kinder schließen die Augen, strecken die Hände nach vorne und gehen langsam zur Mitte. Sie versuchen zwei unterschiedliche Hände zu ergreifen und festzuhalten. Haben alle jemanden an der Hand, dürfen die Augen geöffnet werden und der Versuch beginnt, das Knäuel zu entwirren ohne sich loszulassen.

Wahrnehmen

Eisscholle
Die Kinder gehen frei im Raum. Der Boden ist sozusagen eine Eisscholle. Befinden sich zu viele Kinder auf einer Seite, kippt sie. Durch ständiges Gehen wird versucht, dem entgegenzuwirken. Es darf keine großen Lücken oder Anhäufungen geben. Ein „Stopp" kann verdeutlichen, ob die Verteilung gelungen ist.
Spannend wird es, wenn ein Teil der Gruppe versucht, das Gleichgewicht zu halten, während der andere Teil es zu stören versucht.
Das Gewicht der einzelnen Kinder wird hier natürlich außen vor gelassen.

Gehen und sehen
Die Kinder gehen frei im Raum. Sie wählen sich jemanden aus, den sie beobachten, so dass sie immer wissen, wo er sich im Raum befindet. Noch zwei bis drei weitere Kinder werden so beobachtet. Bei kleineren Gruppen ist es möglich, die Aufmerksamkeit mit der Zeit auf alle zu steigen.
Bei „Stopp" schließen die Kinder die Augen. Es wird ein Name von einem Kind genannt und alle zeigen in die Richtung, in der sie es vermuten. Die Augen dürfen zum Nachprüfen geöffnet werden. Diese Runde öfters wiederholen.

Diese Übung schult die Wahrnehmung und die Aufmerksamkeit.

Spiegeln
Ein Kind ist der Spiegel, der Partner steht davor und gibt Bewegungen vor, die der „Spiegel" möglichst genau mitmacht. Je langsamer und deutlicher die Bewegungen sind, umso leichter kann der „Spiegel" ihnen gleichzeitig folgen. Die Kinder sollen ausprobieren, wie weit sie weggehen oder sich wegdrehen können, damit der „Spiegel" noch reagieren kann.
Eine schwungvolle Musik oder ein Thema wie „Morgenwäsche", „Modenschau"... kann bewegungsanregend sein.

Niemanden verdecken

Die Kinder gehen frei im Raum. Eine Raumwand ist sozusagen die Wand zum Zuschauerraum. Sie achten darauf, dass sie beim Gehen nie dem Publikum den Rücken zuwenden und niemanden aus der Sicht des Publikums verdecken. Bei „Stopp" dürfen alle bis zum Einfrieren noch bis zu einem optimalen Standort gehen, so dass sie aus Zuschauersicht gut sichtbar sind, niemanden hinter sich verdecken und den Blick zum Publikum gewendet haben.

Ziehen und abstoßen

Ein Kind „zieht" den Partner mit einem imaginären Faden durch alle Ebenen des Raumes. Der Faden kann an verschiedenen Körperteilen „festgemacht" sein. Von dort geht der Impuls der Bewegung aus. Wegschieben lässt sich der Partner durch einen imaginären Stab.

> Die Aufmerksamkeit liegt darauf, dass der gezogene oder weggeschobene Körperteil sichtbar reagiert.

Führen und folgen

Ein Kind schließt die Augen und wird vom Sehenden geführt. Die Führung kann über die verbundenen Hände oder Handflächen erfolgen, über eine Hand auf der Schulter oder durch ein vorher vereinbartes Geräusch. Die Wahl erfolgt je nach Erfahrung der Kinder und Risikobereitschaft.

> Absolutes Vertrauen ist Vorraussetzung bei Spielen, bei denen ein Kind blind ist! Der Spielleiter sorgt dafür, dass kein Kind unachtsam geführt wird.
> Ruhe im Raum und in der Gruppe fördert konzentriertes und behutsames Führen.

Konzentration und Aufmerksamkeit

Energieklatschkreis

Die Kinder stehen im Kreis mit armlangem Abstand. Mit weit ausholender Bewegung und viel Energie wird ein Klatschen immer im gleichen Rhythmus und Tempo in einer Richtung weitergegeben. Wer angeklatscht wird, schaut den Geber an und dreht sich zum Weitergeben zu seinem Nachbar um. Wichtig: Nicht zu schnell werden, sondern auf einen gleichmäßigen Lauf achten.

Mit dem Spiel werden alle ganz schnell wieder wach und gehen energiegeladen in die nächste Runde. Eine Erweiterung davon ist das Spiel „Zip – Zap – Boing".

„Zip – Zap – Boing“

Ein Klatschen wird nach rechts mit „Zap“ oder nach links mit „Zip“ weitergegeben. Es kann die Richtung beibehalten werden oder mit dem entsprechenden Wort die Richtung wechseln.

Mit „Boing“ wird das Klatschern quer über den Kreis geschickt.

Weitere Schwierigkeitsgrade: Die Annahme vom Klatschen kann verweigert werden, indem die Hände vor dem Körper verschränkt werden. Es geht gleich wieder an den Sender zurück. – Im Kreis kann man sich schnell ducken, wenn ein Klatschen auf einen zukommt, dann läuft es über einen hinweg zum nächsten Kind.

Bunny

Die Kinder stehen im Kreis. „Bunny“ wird gebildet von insgesamt drei Kindern. Das Kind in der Mitte hat beide Hände rechts und links vom Kopf als Hasenohren und wackelt damit. Gleichzeitig sagt es „Bunny, bunny, bunny ...“. Die Kinder rechts und links nehmen ihre entsprechende Hand als Hasenohren hoch und wackeln mit.

Das mittlere Kind gibt mit Schwung sein „Bunny“ an ein anderes Kind weiter. Dieses wird der neue Mittelteil und wird von rechts und links unterstützt. Wer zu langsam ist oder etwas falsch macht, scheidet aus und setzt sich auf den Boden.

Rette mich, wer kann!

Jedes Kind zieht verdeckt einen Zettel, auf dem eine Nummer steht, die es sich merkt. Die Kinder gehen durch den Raum. Der Spielleiter ruft eine Zahl auf. Das Kind, das diese Zahl hat, sinkt zu Boden mit den Worten „Rette mich, wer kann.“ Die Umstehenden versuchen es aufzufangen, bevor es ganz zu Boden fällt.

Statt Zahlen sind auch Farben, Persönlichkeiten, Märchenfiguren oder Fantasierollen einsetzbar.

Platzwechsel mit Augenkontakt

Die Kinder stehen im Kreis. Ein Kind steht in der Mitte. Zwei Kinder verständigen sich heimlich per Augenkontakt, dass sie die Plätze wechseln werden. Gleichzeitig rennen sie los. Das Kind in der Mitte versucht rasch einen der frei werdenden Plätze zu erreichen. Wer zu langsam war, darf in der Mitte eine neue Runde beginnen.

Zublinzeln

Die Kinder stehen paarweise hintereinander im Kreis. Das hinten stehende Kind hat seine Hände auf seinem Rücken. Ein Kind hat keinen Partner vor sich. Es blinzelt ein anderes Kind aus der vorderen Reihe an. Dieses versucht rasch zu ihm zu kommen, bevor es vom hinten stehenden Kind fest gehalten wird. Beide Kinder tauschen gleich die Rollen.

Spannung und Entspannung

Wettermassage

Die Kinder sitzen paarweise hintereinander. Das hinten sitzende Kind hat zum vor ihm sitzenden Rücken ausreichenden Abstand, um diesen mit seinen Händen bequem abklopfen zu können. Die Massage wird in eine Wetterabfolge einbaut.
Die Sonne scheint angenehm warm (Hände flach auflegen und über den Rücken streichen). Wolken kommen auf (Handfläche gibt Druck auf den Rücken). Mit der Zeit fällt leichter Regen, der immer stärker wird (leicht bis kräftig auftupfen mit den Fingerspitzen). Es kommt zum Sturm und Gewitter (flache Hände streichen kräftig in alle Richtungen), Donnergrollen (abklopfen), bis der Regen wieder nachlässt und die Sonne erneut kräftig scheint. Das Wasser fließt ab (Hände streichen nach rechts und links aus) und es wird warm (Hände liegen lassen).
Bestimmt findet jeder noch eigene Ergänzungen zum Wetterbericht.

Variation: Auch zum Thema Wasser („Der Weg eines Wassertropfens von der Quelle bis ins Meer") lässt sich eine wunderschöne Massage durchführen: Bächlein rieseln, stürmisches Meer, große und kleine Wellen, Schaumkronen .

Magnetpaare

Die Kinder bilden Paare. Jedes Kind hat einen Magnet an seinem Körper. Dieser befindet sich bei weiteren Spielrunden immer an einer anderen Stelle. Beide Kinder müssen ihn nicht am gleichen Körperteil haben. Auf los geht's los! Die Magnete ziehen sich an und die Spieler wehren sich dagegen oder umgekehrt. Nach großer Anspannung folgt die Entspannung.
Es soll zu sehen und zu spüren sein, wo der Magnet im Körper sitzt. Befindet er sich in der Hand, so geht die Kraft von der Hand aus, um zum anderen Magneten zu kommen.

Magnetspiel: Ein großer und viele kleine Magnete

Der Spielleiter legt einen imaginären Magnet in die Mitte und „schickt" ebensolche an die Brust von jedem Kind. Die Magnete entfalten ihre Wirkung, wenn sie auf ein Zeichen des Spielleiters angeschaltet werden.

- In der ersten Runde ziehen sich die Magnete an und die Kinder stemmen sich gegen ihre Wirkung.
- In der zweiten Runde stoßen sich die Magnete ab und die Kinder versuchen zueinander zu kommen.

Die Kraftanstrengung steigert sich, bis der Spielleiter durch erneutes Klatschen die Magnete wieder ausschaltet. Wenn die Wirkung nachlässt, fallen alle entspannt zusammen oder auseinander.

Vom Dinosaurier zum Roboter

Die Kinder gehen mit Anweisungen für ein Gehen in verschiedenen Zuständen durch den Raum:

- Spürbar wird man immer schwächer und schwerfälliger und kann sich gerade noch aufrecht halten. Die Spannung im Körper ist fast weg. Ein Gefühl wie ein riesiger Dinosaurier, der sich kaum mehr bewegen kann und zu keiner Denkleistungen fähig ist (1. Zustand).
- Die Aufmerksamkeit richtet sich hin zur eigenen Person. Ziellos „latscht" man durch den Raum und ist mit sich selbst beschäftigt (2. Zustand).
- Die Aufmerksamkeit liegt beim eigenen Gang. Welcher Teil vom Fuß kommt als erstes auf? Bewusst wach und nicht zu schnell oder zu langsam gehen. Die Aufmerksamkeit ist gleichmäßig bei der eigenen Person und den Mitspielern verteilt. Die Haltung ist gerade, aufrecht, locker und lebendig (3. Zustand).
- Von dort richtet sich die Aufmerksamkeit immer mehr nach außen. Die Brust schwillt an, der Kopf ist hoch erhoben. Man fühlt sich wichtig, großartig und stark. Die Begegnung mit den anderen wird mit einem immer starrer werdenden Lächeln begleitet (4. Zustand).
- Die Bewegungen werden immer starrer und roboterhafter. Der Gang ist eckig und eilig. Alles ist angespannt. Das Gesicht ist ein eingefrorenes Lächeln (5. Zustand).

Sind alle fünf Phasen der Reihe nach durchlaufen, wird dazwischen gewechselt, um die Unterschiede deutlich zu spüren, so z. B. vom dritten in den zweiten Zustand, danach in die Ausgangsverfassung (1. Zustand). Schließlich kehrt langsam wieder Leben in den Körper ein und er kommt erneut in den dritten Zustand, von dort in den vierten usw. Wichtig ist, die Übung unbedingt mit dem 3. Zustand der Wachheit zu beenden!

Anspannen und Entspannen

Die Kinder liegen bequem flach auf dem Rücken und spüren, an welchen Punkten ihr Körper Bodenkontakt hat. Von Fuß bis Kopf presst man nacheinander einzelne Körperteile gegen den Boden, zählt leise bis 3 und lässt wieder los. Die Entspannung genießen, bevor es wieder zur Anspannung kommt. Abschließend den ganzen Körper gegen den Boden pressen und wieder loslassen.
Variante: Die Kinder stehen mit leicht gespreizten Beinen, locker, aufrecht und gutem Bodenkontakt. Die Arme hängen lassen. An den Füßen beginnend werden die Körperbereiche einzeln für etwa drei Sekunden angespannt und wieder losgelassen. Abschließend den ganzen Körper anspannen und wieder entspannen.

Gummiband

Der Körper wird in alle Richtungen gebeugt und gestreckt. In der Vorstellung geht ein Gummiband durch den Körper, das einen wieder in eine aufrechte Haltung zurückzieht.

Powerkreis

Die Kinder stehen im Kreis und der Spielleiter gibt einen 4/4-Takt mit Schritten vor. Drei Schritte werden auf der Stelle gemacht, der vierte geht einen Schritt zur Mitte und wieder zurück. Der letzte Schritt wird mit einem kräftigen Laut begleitet. Dieser Laut wird so lange beibehalten, bis ein anderes Kind einen neuen Laut vorgibt.

Ausdruck

Die vier Elemente

Diese Übung geht von vier Körperschwerpunkten aus, die jeweils einen bestimmten Typ oder eine Figur darstellen. Das Spiel mit diesen Charakteren wird nur auf der Bühne verwendet und nicht zum Analysieren von Mitmenschen im Alltag eingesetzt.
Anfangs stehen die Kinder entspannt mit geschlossenen Augen und schlüpfen mit Hilfe der Angaben in die Haltung zu den einzelnen Elementen. In der anschließenden Bewegung im Raum kommen der Gang und die Begegnung mit den anderen dazu. Vom Spielleiter werden dazu Fragen gestellt, um die

Aufmerksamkeit auf bestimmte Bereiche zu lenken: Wie nehme ich den Raum wahr? Wie ist mein Gang, meine Stimme, meine Bewegung? Was für ein Gefühl spüre ich in mir? Was möchte ich machen? Was passiert, wenn ich auf andere Kinder treffe? Was für ein Typ bin ich? Zwischen dem Einnehmen der verschiedenen Haltungen in eine „neutrale“ Grundhaltung zurückgehen und das vorherige Element aus dem Körper „schütteln“.

Erde

Assoziation: Wie ein starker, kräftiger Baum dastehen, dessen Wurzeln tief in die Erde hineinreichen und den nichts umwerfen kann. Trotzdem ist er beweglich und genießt es, wenn der Wind seine Äste leicht bewegt.
Haltung und Schwerpunkt: Mit beiden Beinen fest und sicher auf dem Boden stehen. Die Fußsohlen haben vollen Bodenkontakt, die Haltung ist aufrecht.
Schwerpunkt ist das Ausatmen. Die Stimme ist ruhig, klar und gelassen.

Wasser

Assoziation: Eine Wasserpflanze, die bis zum Hals im Wasser steht und von leicht kräuselnden Wellen bis heftiger Brandung hin und herbewegt wird.
Haltung und Schwerpunkt: Die Wellenbewegung geht von der Körpermitte aus. Der Körper geht hin und her, von sanften bis hin zu stürmischen Bewegungen.
Gleichmäßiges Ein- und Ausatmen und dazwischen ein kurzes Innehalten. Die Stimme kann liebevoll einlullend bis bedrohlich sein.

Luft

Assoziation: Das Gefühl, auf Wolken zu schweben, in einem Wolkenkuckucksheim oder Luftschloss zu leben.
Haltung und Schwerpunkt: Der Bodenkontakt der Füße geht verloren. Der Kopf wird ganz leicht und man „hebt ab“.
Schwerpunkt ist das Einatmen. Die Stimme ist kichernd.

Feuer

Assoziation: Die Flamme in einem Lagerfeuer: leichtes Flackern, wilde Blitze, auflodern, heftiges Brennen.
Haltung und Schwerpunkt: Der Körper bewegt sich ruckartig von der Körpermitte her. Kleine unruhige Bewegungen oder große verzehrende Gesten. Der Körper ist nie ganz in Ruhe.
Der Atem ist unruhig, wie das Flackern einer Kerze. Die Stimme kann hektisch werden und sich fast überschlagen.

Das Spiel mit dieser Vorstellung
Der Raum wird viergeteilt und jedes Viertel wird durch ein farbiges Tuch als entsprechendes Element gekennzeichnet. Die Kinder schlüpfen von einem Element in das andere, wenn sie die Bereiche wechseln. Auf den Unterschied und die Veränderung im Körper achten und viel ausprobieren!

Spielszenen zu den vier Elementen
In diesen Spielszenen wird das Grundgefühl von einem Element auf die Darstellung einer Figur übertragen. Jeder entscheidet sich vorweg für ein Element, in dessen Haltung er in der Szene agiert und reagiert.

- Der Spielleiter gibt Situationen vor, in denen sich mehrere treffen: Spielplatz, Pausenhof, Kindergeburtstag ... (maximal vier Kinder).
- Eine Handlung ausführen, z. B. Zeitung lesen, telefonieren, warten an der Bushaltestelle, eine gute/schlechte Nachricht bekommen ...

Improvisationen: Der Spielleiter hat Zettel mit der Angabe eines Ortes und der beteiligten Personen in verschiedenen Elementen vorbereitet. Beispiel: Eine Frau (Erde), ein Kind (Luft), ein Mann (Feuer) und eine Sprechstundenhilfe (Wasser) im Wartezimmer eines Zahnarztes (vgl. Müller 1984, 28ff.)

Gefühle darstellen
Der Spielleiter hat auf einzelnen Kärtchen Gefühle aus der Erfahrungswelt der Kinder notiert (etwa doppelt so viele wie Anzahl der Kinder). Die Kärtchen werden verdeckt ausgelegt. Die Kinder gehen im Raum. Jeder darf nun mit „Stopp“ die Gruppe in der Bewegung erstarren lassen, ein Kärtchen ziehen und das Gefühl laut vorlesen. Bei „Go“ spielen alle dieses Gefühl bis zum nächsten „Stopp“. Das Kind, das vorgelesen hat, darf bis zur nächsten Runde den anderen zusehen, wie sie diese Vorgabe umsetzen.

DU!
Die Kinder sitzen im Kreis. Der erste sagt: „Du warst es!“ und zeigt auf jemanden. Der antwortet „Wer? Ich? Nein, du warst es!“ und zeigt auf die nächste Person. So läuft es weiter. Hier darf gestenreich übertrieben und jede Stimmung ausgenutzt werden.

Spiegelspiele
Jedes Kind hat einen Handspiegel und betrachtet sich ausführlich. Reihum gibt jedes Kind eine Stimmung oder einen Ausdruck vor, den jeder mit Blick in seinen Spiegel umsetzen darf.
Dieses Spiel ist eine gute Übung, mit den eigenen Ausdrucksmöglichkeiten zu experimentieren.

Körperliches Alphabet
Jedes Kind experimentiert zunächst für sich, die Buchstaben des ABC körperlich nachzustellen. Wenn es eine Form gefunden hat, mit der es zufrieden ist, prägt es sie sich gut ein. Wer möchte, stellt seine Ideen vor und die Gruppe ahmt es nach.
Je nach Anzahl und Ausdauer der Gruppe kann jedes Kind nur einen Buchstaben oder eine Buchstabengruppe bekommen.

Bildhauerrunde
Kinderpaare sind sternförmig verteilt. Jeweils eines der beiden Kinder (das „Material") liegt bequem mit dem Rücken auf einer Decke am Boden.
Der Bildhauer formt zunächst aus seinem „Material" eine Skulptur im Liegen. Ist er fertig, bleibt er vor seinem Werk stehen und wartet, bis alle so weit sind.
Alle Künstler gehen im Uhrzeigersinn weiter zum nächsten „Material". Aus der nun vor ihnen liegenden Skulptur bauen sie eine im Sitzen. Beim nächsten Wechsel folgt ein Werk im Stehen. Wieder ein Kind weiter betrachtet der Bildhauer das Werk seines Vorgängers und gibt dieser Statue eine sich immer wiederholende Bewegung. Und noch einmal wird gewechselt. Der letzten „bewegten Statue" darf nun ein Satz oder ein Geräusch gegeben werden, die diese ständig wiederholt.
Wenn die Bildhauer alle ihre gemeinsamen Werke betrachtet haben, darf das „Material" kräftig die Glieder ausschütteln und es wird gewechselt.
Ein witziges Spiel, das ganz nebenbei den Partnerwechsel und neue Kontakte anregt.

Statuen nachbauen
Eine wunderschöne Übung, wenn dazu ein entsprechendes Museum oder Ausstellung besucht werden kann. Dort sucht sich jeder eine Skulptur und stellt diese bis in alle Einzelheiten nach. Eine gute Vorübung, um ein Gefühl für Körperhaltungen und Ausdrucksmöglichkeiten zu bekommen. Ergänzend kann das Kind berichten, wie es sich in dieser Pose fühlt. Der Zusammenhang zwischen Körperhaltung und innerer Einstellung wird so deutlich.

Das Gegenteil
Das erste Kind geht auf die Bühne und gibt ein Standbild mit einem Ausdruck, z. B. Empörung, vor. Das zweite Kind stellt sich mit dem gegenteiligen Ausdruck dazu. Das dritte wieder mit einem Gegenteil zum zweiten. Und so fort.
Es ist erstaunlich, welche gegenteiligen Ausdrucksmöglichkeiten es gibt!

Gruppenbild

Ein Kind hat eine Idee für ein Bild, die es jedoch geheimhält. Es geht auf die Bühne und nimmt dazu passend eine Haltung ein. Das nächste Kind überlegt sich, welche Szene mit diesem Ausgangsbild dargestellt wird. Es stellt sich mit einer eigenen Pose entsprechend dazu und friert ein.
Nach und nach integrieren sich alle Kinder in das Bild. Am Schluss wird von hinten aufgelöst. Das letzte Kind, das sich dazu gestellt hat, wird gefragt, was es darstellt und in welchem Bild es ist. Die Überraschung kann sein, dass alles gut zusammenpasst oder sich widerspricht.

Fotosession

Ein Kind ist Fotograf und wird mit Kamera ausgerüstet. Es gibt ein Thema vor, zu dem die anderen Kinder ein Foto stellen. Während der Fotograf bis 10 zählt, entsteht das Bild.
Jeder „Fotograf“ darf drei Bilder vorschlagen, dann wird gewechselt.
Bestimmte Anlässe: Hochzeitsbild, Empfang bei der Königin, Urlaub am Strand, Klettertour in den Bergen, Gipfelstürmer, Das neue Auto, Der erste Schultag,
Familienbilder: Liebevolle Familienidylle, Zirkusfamilie, eine verrückte Familie, eine traurige Familie, eine zänkische Familie, eine Starfamilie, eine Tierfamilie ...

Echte Fotos können eine gute Erinnerung an dieses Spiel sein.

Anschreien und Verzeihen

Zwei Gruppen oder zwei Kinder stehen sich gegenüber. Erst sind sie wütend aufeinander und schreien sich etwa eine Minute lang furchtbar an (Aufpassen, dass sich die Stimmen der Kinder nicht überschlagen!). Anschließend verzeihen sie sich überschwänglich, wort- und gestenreich. Kein Körperkontakt!

Atmung und Sprache

Fantasievolle Übersetzungen

Die Kinder stehen im Kreis. Der Spielleiter zeigt auf ein Kind und nennt ein Fantasiewort. Das angerufene Kind gibt dazu spontan eine „Übersetzung“. Mit einem neuen Fantasiewort setzt es die Runde fort. Die verrücktesten Ideen sind gefragt. Schnell spielen!
Beispiel: „Kikilawa“ = „ein Vanille-Eisbecher mit Mandeln und blauer Soße“

Geräuschvolle Geschichte
Eine Geschichte mit vielen geräuschvollen Anteilen wird erzählt. Die Kinder machen an den entsprechenden Stellen dazu passend die Geräusche.

Geräuschvolle Sinfonie
Jedes Kind ist ein (Fantasie-)Instrument und hat eine eigene „Stimme“ oder ein Geräusch. Gemeinsam bilden sie in großes Orchester.
Ein Kind ist der Dirigent mit Dirigierstab und nimmt einen Platz gegenüber dem „Orchester“ ein. Auf sein Zeichen stimmen sich zunächst alle „Instrumente“. Dann zeigt der Dirigent auf einzelne Kinder oder Gruppen, die so lange „ihr Instrument spielen“ (Geräusch machen), bis andere Kinder aufgerufen werden. Nach einem kurzen Konzert gibt es einen neuen Dirigenten.

Großes „Elefantenniesen“
Die Gruppe ist in Untergruppen eingeteilt, die verschiedene Laute einüben: Wiff, Waff, Off, muff ... Auf ein Kommando geben alle ihren Laut gleichzeitig oder nacheinander von sich.

Tiergeräusche
Lippen, Kinn und Kieferbereich lassen sich lockern und aktivieren durch verschiedene Tiergeräusche: Fauchen wie ein Löwe, miauen wie ein großer Kater, ...

Autorennen
Ein imaginärer Rennwagen fährt im Kreis von Kind zu Kind. Die Fahrt wird von einem Kind zum anderen mit „broummmmm“ und Kopfbewegung in Fahrtrichtung begleitet. Soll das Auto die Richtung wechseln, wird es vom Kind abgebremst, in dem dieses den Fuß ausstreckt, das Reifen quietschen mit „Quiiiiiitsch!“ andeutet und mit erneutem „broummmmm“ in die andere Richtung schickt.
In diesem Sinne lässt sich noch hinzu erfinden: Unfall, Benzintank leer, Fahrgäste aufnehmen ...

Die Federn fliegen!
Jedes Kind hat eine Feder oder einen leichten Papierball und bläst diesen durch den Raum. Der Gegenstand darf nicht auf dem Boden aufkommen. Die Feder oder ein Ball kann nur in der Vorstellung vorhanden sein. Die Feder wird durch Blasen von Kind zu Kind weitergegeben.

Textpaare
Jedes Kind bekommt den gleichen kurzen Text und eine Vortragsart. Nach kurzer Vorbereitungszeit werden die verschiedenen Versionen präsentiert. Einfach, aber gut verwendbar ist der Text von „Alle meine Entchen". Er kann in unterschiedlicher Weise vorgetragen werden: Rede eines Politikers im Wahlkampf, Trauerrede am Grab, Lehrer doziert ein langweiliges Thema, ein Geheimnis, eine wichtige Nachricht, eine furchtbare Nachricht, eine Liebeserklärung, Strafpredigt ...

Kerze ausblasen
Jedes Kind stellt sich vor, dass es eine brennende Kerze in der Hand hält und mit vorsichtigem Blasen die Flamme zum Flackern bringt bis hin zum Auspusten.

Mit den letzten beiden Übungen wird das Atemvolumen erweitert.

Verwandeln und Improvisieren

„Who is who?"
Jedes Kind zieht einen Zettel, auf dem eine Rolle steht. Die Rollen sind so verteilt, dass darunter auch „Gegner" sind. Beim Gehen im Raum stellt es diese Rolle mit Gestik, Mimik, Körperhaltung und Handlung dar.
Spielaufgabe ist, durch Gespräche und Begegnung herauszufinden, wer wer ist, bzw. wer einem eventuell „gefährlich" werden kann, und dann sofort in ein spontanes Spiel zu kommen.
Beispiele: Wenn der Polizist und ein Dieb zusammentreffen und sich erkennen, kann es zur Verfolgungsjagd kommen. Treffen Romeo und Julia zusammen, gibt es eine Liebeserklärung.

Sein oder haben
Die Kinder laufen frei im Raum. Der Spielleiter nennt nach einem „Stopp" einen Gegenstand. Bei „Go" verwandeln sich die Kinder entweder in diesen Gegenstand oder eine Person, die diesen benutzt und improvisieren zusammen bis zum nächsten „Stopp".

Ein Typ entsteht
Die Kinder gehen frei im Raum umher. Der Spielleiter gibt vor, welcher Körperteil betont und besonders hervorgehoben wird. Der Impuls kann vom Kopf ausgehen. Dieser kann weit vorstreckt oder zurückgezogen werden.

Er kann sich ständig hin- und herbewegen oder ganz starr blicken. Er ist gesenkt oder hat die Nase ganz weit oben. Die Kinder entscheiden sich für eine Haltung. Durch Fragen werden sie angeregt nachzuspüren, wie sich der Rest vom Körper verhält:
Geht der Oberkörper weit nach vorne oder sinkt er in sich zusammen? Wird der Schritt langsamer oder schneller, unsicherer und fester? Wie verändern sich andere Körperbereiche? Wie fühlt sich das an? Wie schaut diese Person? Wie läuft dieser Typ? Was kommen für Gedanken? Was fühlt diese Person? Welche Person könnte so gehen, fühlen und denken? Was hat der für einen Beruf? Wer ist das?
Mit der Zeit entsteht ein immer genaueres Bild von einer Person, die dann vorgestellt wird. In Dreier- oder Vierergruppen können dazu improvisierte Szenen entstehen.

Die Tür geht auf!
Rund um eine Tür ergeben sich wunderbare Improvisationen. Je ein Kind steht vor bzw. hinter der Tür. Eines von beiden öffnet die Tür und beginnt mit einer Spielidee. Das andere Kind geht darauf ein. Möglichst ein kurzes und überraschendes Ende finden.

Zahlendialog
Eine Improvisation für zwei bis vier Kinder. Der Text besteht aus der Zahlenfolge von 1 – 30 (50 oder 100). Ein Kind beginnt und die anderen steigen in das Spiel ein. Mit der letzten Zahl findet die Szene ein stimmiges Ende. Ohne den Druck, Sinnvolles sagen zu müssen, fällt es leichter zu improvisieren. Es schult die Ausdrucksfähigkeit, in die Zahlenfolge einen Sinn zu legen und beim Partner wahrzunehmen, was er meint.

Modenschau
Jede Kleingruppe erhält einen Koffer, der total verrückte Klamotten enthält, die möglichst wenig zusammen passen: Badelatschen, Abendkleid, Krawatte, Umhang ...
Die Kinder bekommen circa 5 Minuten Zeit, sich anzukleiden und einen Namen für jedes Modell zu überlegen. Das Ergebnis wird mit einer Modenschau präsentiert.
Ergänzend kann jede Kleingruppe eine kurze Szene vorspielen, in der diese Figuren vorkommen.

Tuchtheater

Mit Tüchern lässt sich wunderbar Theater spielen, in Rollen verwandeln und improvisieren.

Das Tuch sollte für eine Gruppe von etwa 12 Kinder mindestens 5 × 10 Meter groß sein (entsprechend viele Leintücher aneinander nähen). Viele kleine, eher einfarbige Tücher in verschiedenen Größen ergänzen die Ausstattung.

Tuchgespräche

Die Kinder stehen um das Tuch und halten es mit beiden Händen fest.
Es beginnt eine „Unterhaltung" durch entsprechende Bewegungen mit dem Tuch. Zuhören und antworten, empört, erfreut, traurig reagieren ...

Elemente:

Die vier Elemente „Erde – Feuer – Wasser – Luft" darstellen.

Gefühle

Gefühle und Stimmungen durch Tuchbewegungen ausdrücken.

Figurenbauen

Eine oder mehrere Kinder stellen eine Figur dar, die mit dem Tuch abgedeckt wird.
Die Form wird durch die Abdeckung einerseits deutlicher, andererseits geheimnisvoller.

Das Tuch verwandelt sich

Reihum führt jedes Kind vor, in was sich ein Tuch verwandeln kann, und nimmt sich selbst in das Spiel mit hinein. Das Tuch kann sich z. B. in eine gefährliche Schlange verwandeln, die vom Held (Kind) bekämpft wird.

Das Tuch verwandelt

Die eine Teilgruppe verwandelt sich mit dem Tuch in eine Person, ein Tier oder eine Figur. Der andere Teil reagiert darauf mit entsprechendem kurzem Spiel. Anschließend wird gewechselt.
Beispiel: Die Tuchgruppe verwandelt sich in einen großen Elefanten. Die andere Gruppe reagiert als eine Gruppe von Touristen, die das Tier fotografieren.

Tuchfotos

Eine Fotosession, in der das Tuch im Mittelpunkt steht, um damit ein Standbild zu bauen. Ein solches Standbild kann „lebendig" werden und sich zu einer improvisierten Szene entwickeln.
Beispiel: Das Tuch wird zum Zelt, unter dem die Kinder Schutz vor dem Regen suchen.

Tuchfiguren

Jedes Kind bekommt ein eigenes Tuch und verwandelt sich durch die vielen Tragemöglichkeiten in immer neue Personen: alte Frau oder Hexe mit Rock, Oma mit Kopftuch, Scheich mit Turban, junge Mutter mit Kind im Arm, stolzer Grieche mit Umhang ...
Je drei oder vier Kinder improvisieren eine Szene nach dieser Vorgabe.

Der Vorhang schließt sich – Nützliches rund ums Theaterspielen

Theaterbesuch bei den „Profis“

Der Besuch einer Vorstellung im Stadttheater oder bei einem Kinder- und Jugendtheater ist eine Ergänzung der eigenen Theaterarbeit. Besuchen Sie lieber ein Stück in einem „kleinen Haus“, weil hier die Kinder näher am Geschehen sind. Der Kontakt der Schauspieler zu den Zuschauern ist besser und manche Stücke gehen gezielt auf Reaktionen der Kinder ein. Altersbeschränkungen sind unbedingt zu beachten, um die Kinder weder zu über-, noch zu unterfordern.
Manchmal kann ein Blick hinter die Kulissen vereinbart werden. Größere Theater bieten immer wieder Termine für eine Führung durch das Haus an.

Es gibt Kinder, die noch nicht mit einem Theaterbesuch vertraut sind und vorher eine Erklärung brauchen, um sich zurecht zu finden: Licht im Saal geht aus, der Vorhang öffnet sich, Ruhe während der Vorstellung, Ansehen der Vorstellung bis zum Schlussapplaus. Vor der Vorstellung auf die Toilette gehen. Während der Vorstellung nicht essen und nicht trinken.

Blick in den Paragraphendschungel

Die öffentliche Verwendung von musikalischen und schriftlichen Werken ist streng geregelt und teilweise kostenpflichtig. Diese Vergütung sollte zugunsten der Autoren gezahlt werden.
Es gibt einige Ausnahmen, die das schmale Budget einer Theatergruppe nicht so stark belasten.

Das Urheberrecht

§ 70 des Urheberschutzgesetzes besagt, dass 70 Jahre nach dem Tod des geistigen Urhebers das Werk frei verwendbar ist, sofern kein Nutzungsrecht darauf liegt. Eine freie Benutzung auf der Grundlage einer vorhandenen Geschichte ist möglich, wenn es sich um eine Umgestaltung handelt und keine Bearbeitung ist. Sicherheitshalber sollte man bei der „Verwertungsgesellschaft Wort" bzw. beim Verlag oder dem Autor nachfragen. Märchen, traditionelle Geschichten und Fabeln haben kein Urheberrecht und können unbedenklich genutzt werden.

Die Kosten für den öffentlichen Gebrauch von musikalischen Werken sind bei der GEMA (Gesellschaft für musikalische Aufführungs- und mechanische Vervielfältigungsrechte) geregelt. Im Einzelfall unbedingt nachfragen. Nachträgliche Kosten können sehr hoch ausfallen.
Im Internet findet man unter www.kreakustik.de ein Angebot von gemafreien Musikstücken, die durch den einmaligen Kauf der CD immer wieder verwendet werden dürfen.

Musikstücke und Lieder

Im Folgenden finden Sie eine subjektive Auswahl von Liedern und Musikstücken für Aufwärmübungen und um die Gruppe in Schwung zu bringen. Bei der Wahl sollte man auch den Geschmack der Kinder berücksichtigen. Spiele und Übungen nicht mit Musik überhäufen, sondern auch mal bewusst darauf verzichten.

- Es lohnt sich, eine eigene CD zusammenzustellen mit den Titeln, die immer wieder verwendet werden, mit entsprechenden Vermerken, für welchen Zweck das Stück geeignet ist.
- Eine weitere CD enthält im Tempo und im Stil unterschiedliche Musikstücke, die nach etwa zwei Minuten wechseln. Sie ist u. a. einsetzbar beim Gehen im Raum, bei Improvisationen im Schwarzlicht, beim Spiel „Follow the Leader".

Schwungvoll für große, würdevolle Bewegungen
Rondo Veneziano, „Nur das Beste" oder „Stagioni di Venezia"
J. Pachelbel, „Canon & Gigue" in D-Dur
A. Vivaldi, „Die vier Jahreszeiten"
W. A. Mozart, Klavierkonzert Nr. 21, „Elvira Madigan"

Fetzig!
„Probier's mal mit Gemütlichkeit" aus „Dschungelbuch"
„Lollipop" von der CD „Eis am Stiel 1"

Lateinamerikanische Rhythmen für schwungvolles Gehen
O. Liebert, „Nouveau Flamenco"

Trommelklänge zum Mitschwingen
B. Lewis, „Rythm Hunter"
Guem et Zaka, „Best of Percussion"

Ruhige Klänge
„Meditation", u. a. mit G. Zamfir, D. Böhm, St. Toeteberg, D. Jäger, G. Horizont
„Air" aus „Jeux interdits"

Untermalung von Szenen
G. Verdi, „Triumphmarsch" aus „Aida"
G. F. Händel, „Feuerwerksmusik", „Wassermusik"
P. Tschaikowsky, „Nussknackersuite"
E. Grieg, „Peer Gynt Suite"
M. P. Mussorgksi, „Bilder einer Ausstellung"
C. Orff, „Carmina burana"
R. Strauss, „Also sprach Zarathustra"
L. v. Beethoven, „Symphonie Nr. 1, 1. Satz"
Dvorak, „Slawische Tänze"
A. Khatchaturian, „Säbeltanz"
A. Ponchielli, „Tanz der Stunden" aus „La Gioconda"
G. Rossini, „Gewittermusik" aus „Der Barbier von Sevilla"
N. Rimsky-Korsakov, „Hummelflug" aus „Zar Saltan"
H. Berlioz, „Tanz der Sylphen" aus „Fausts Verdammnis"
P. Tschaikowsky, „Polonaise" aus „Eugen Onegin"
J. Offenbach , „Höllengalopp"

Adressen rund ums Theater

Fortbildungsangebote

Bundesverband Kulturarbeit in der evangelischen Jugend e.V.
Schulstr. 1 b
24250 Löptin
Tel. 0 43 02 / 9 67 80
www.bka-online.de

Amt für Jugendarbeit der Evang.-Luth. Kirche in Bayern
Hummelsteiner Weg 100
90459 Nürnberg
Tel. 09 11 / 43 04-270
www.ejb.de

Kinder- und Jugendtheaterzentrum in der BRD
Schützenstr. 12
60311 Frankfurt / Main
Tel. 0 69 / 29 66 61
www.kjtz.de

Akademie Remscheid
Küppelstein 34
42857 Remscheid
Tel. 0 21 91 / 7 94-0
www.akademieremscheid.de

Bezug von Fachliteratur

Schauplatz der Spielkünste, Büchermagazin für das Theater mit Puppen, Figuren und Objekten, mit Masken und Schatten
Wilfried Nold
Versandbuchhandlung
Eppsteiner Str. 22
60323 Frankfurt / Main
Tel. 0 69 / 72 20 83
www.puppenundmasken.de

TheaterBuchVersand
Hammarskjöldring 17 a
60439 Frankfurt / Main
www.theaterbuch-versand.de

Robin Hood Versand
Küppelstein 34
42857 Remscheid
www.robin-hood-versand.de

Don Bosco Fachbuchhandlung
Sieboldstr. 11
81669 München
Tel. 0 89 / 4 80 08-330
buchhandlung@donbosco.de
www.donbosco-fachbuchhandlung.de

Theaterstücke

Der Deutsche Theaterverlag
Postfach 100261
69442 Weinheim
Tel. 0 62 01 / 5 10 61
www.dtver.de

Theaterbedarf

Pappnase & Co
Von-Essen-Str. 76
22081 Hamburg
www.pappnase.de

Schminken

Kryolan GmbH
Papierstraße 10
13409 Berlin Reinickendorf
Tel. 0 30 / 49 98 92-50
www.kryolan.com

Bühnenmolton und interessante Stoffe

J. F. Fuchs & Co. OHG
Textilgroßhandel
Burgfriedenstraße 23
86316 Friedberg
Tel. 08 21 / 2 63 80-0
www.fugotex.de

Spiele und Übungen von A bis Z

Die in diesem Buch enthaltenen Spiele und Übungen sind hier für das schnellere Auffinden von A bis Z aufgelistet und den Einsatzmöglichkeiten zugeordnet.

Spiele und Übungen	Kennenlernen	Lockern Warmwerden	Bewegung	Ausdruck	Spannung und Entspannung	Konzentration	Wahrnehmung	Atmung, Sprache	Verwandeln, Improvisation	Kreis, Einzeln, Paare, Gruppe	Seite
Abklopfen		x								EP	145
Abrollen – aufrollen		x	x							E	94
An der Nase herumführen		x	x			x				P	137
Annehmen und Ablehnen					x			x	x	P	30
Anschreien und verzeihen				x				x		PG	162
Anspannen und Entspannen					x					E	158
Arienimprovisation						x		x	x	G	94
Auto fahren								x			95
Autorennen		x	x	x		x		x		K	163
Ballkreis	x	x	x			x				K	144
Begrüßungsschlange	x	x	x	x						K	22
Bewegungsbegleitung				x			x		x	G	97
Bildhauerrunde		x	x	x		x	x		x	G	161
Bitte zum Diktat!							x	x		G	45
„Blau“		x		x			x	x		P	43
Bleistift an der Nasenspitze		x	x							E	146
Blinder Tanz			x							P	150
Bunny		x	x			x				K	155
Clown of Amsterdam		x	x	x			x			G	150
Cluster singen							x	x		G	95
Da fehlt etwas!				x		x	x			EP	105
Das Gegenteil				x		x	x			P	161
Das große unheimliche Tier			x	x					x	PG	150
Der gleiche Ort				x					x	PG	33
Dialoge singen				x		x	x	x	x	P	94
Die Federn fliegen!		x			x		x	x		E	163
Die Galerie				x	x	x	x			P	28
Die Geschichte mit Instrumenten spielen				x		x			x	G	92
Die lästige Fliege				x		x	x			E	146
Die Tür geht auf!				x					x	P	165
Die vier Elemente		x							x	E	158
Dreh-hopps-wipp-tuuth-Maschine		x	x					x		G	151
Du!				x						K	160

Spiele und Übungen	Kennenlernen	Lockern Warmwerden	Bewegung	Ausdruck	Spannung und Entspannung	Konzentration	Wahrnehmung	Atmung, Sprache	Verwandeln, Improvisation	Kreis, Einzeln, Paare, Gruppe	Seite
Geräuschvolle Geschichte				x				x		G	163
Eine Überschrift				x					x	G	32
Einer geht – einer steht		x	x			x	x			G	148
Eisscholle		x	x			x	x			G	152
Elefantenniesen								x		G	163
Energieklatschkreis		x	x			x	x			K	154
Erwachen und Versteinern		x			x					E	145
Fantasievolle Übersetzungen								x		K	162
Farbknäuel		x	x							G	151
Fiktive Seifenblasen								x		E	94
Fliege								x		E	94
Follow the leader			x	x						K	150
Formen bilden			x			x	x			K	136
Fotosession				x					x	G	162
Freund – Feind			x				x			G	149
Führen und folgen		x	x			x				P	154
Gefühle darstellen				x					x	G	160
Gegenstand im Mittelpunkt				x					x	G	33
Geheimsprache								x		K	43
Gehen im Raum		x	x		x	x				G	148
Gehen und sehen		x	x			x				G	152
Geräuschkulisse				x				x	x	G	31
Geräuschmusik				x			x		x	G	96
Geräuschvolle Sinfonie				x			x			G	163
Geräuschvolle Geschichte				x			x			G	162
Geschenktruhe				x			x		x	E	104
Gespräche				x			x		x	G	98
Gesungene Begrüßung	x							x	x	K	93
Goofy			x							G	149
Gordischer Knoten			x							G	136
Grimasse weitergeben		x		x			x			E	115
Grimassen schneiden		x		x			x			E	114
Gruppenbild				x			x			G	162
Gummiband		x					x			E	158
Handschlange		x	x			x				G	137
Isolationsübungen		x			x		x			E	145
Ja und dann ...								x	x	P	30
Kaugummi kauen								x		E	94
Kerze ausblasen								x		E	164
Klänge finden		x					x			G	98

Spiele und Übungen	Kennenlernen	Lockern Warmwerden	Bewegung	Ausdruck	Spannung und Entspannung	Konzentration	Wahrnehmung	Atmung, Sprache	Verwandeln, Improvisation	Kreis, Einzeln, Paare, Gruppe	Seite
Klanggestenreihe			x	x					x	G	96
Körperklänge finden		x	x						x	G	95
Körperliches Alphabet				x						E	161
Luftballon								x		EK	94
Magnetspiel			x		x					EG	157
Mein Lieblingsessen				x			x			E	103
Mein rechter Platz ist frei	x			x					x	K	37
Melodisch-rhythmische Gruppenimprovisation							x		x	G	98
Miteinander telefonieren				x				x	x	KE	41
Modenschau									x	G	165
Monatslied								x	x	K	93
Musikimprovisation									x	G	34
Nachsprechen								x		K	43
Name und Geste	x		x	x						K	144
Netzknüpfen							x			K	136
Niemanden verdecken							x			G	154
Pantomimisches Ballspiel				x			x			K	104
Platzwechsel				x					x	K	155
Postkarten Alter und Neuer Meister				x					x	G	32
Powerkreis		x				x				K	158
Rakete			x							K	26
Rendezvous				x						P	103
Rette mich, wer kann!				x						G	155
Rhythmische Gruppenimprovisation							x		x	G	97
Rhythmuspattern aus Wörtern			x	x		x			x	G	96
Schattenpolonaise				x					x	G	110
Schimpfen und Streicheln				x				x		G	45
Sein oder haben									x	G	164
Sirenen								x		G	95
Situation				x					x	G	31
Spiegeln				x		x	x			P	152
Spiegelspiel				x		x				E	115
Spielschachtel									x	G	33
Spots in Movement		x			x				x	G	146
Statuen nachbauen				x			x			P	161
Statuenbild				x			x			P	28
Statuen raten				x			x			P	28
Stichwort				x					x	G	32

Spiele und Übungen	Kennenlernen	Lockern Warmwerden	Bewegung	Ausdruck	Spannung und Entspannung	Konzentration	Wahrnehmung	Atmung, Sprache	Verwandeln, Improvisation	Kreis, Einzeln, Paare, Gruppe	Seite
Stopp and go		x	x	x	x	x			x	G	146
Taschenlampenspiele									x	G	109
Textpaare				x				x	x	G	164
Textvariationen				x				x	x	G	34
Tiergeräusche								x		G	163
Tobender Applaus			x					x		K	26
Tüchertanz im Schwarzlicht			x							G	136
Tuchtheater				x					x	G	166
Typen und Charaktere				x					x	G	33
Unsinnsnamen								x		EK	148
Unterhaltung mit Pausen						x	x	x		P	45
Vater's Kragenknopf				x					x	G	35
Verfolgungstanzen			x	x					x	G	150
Verformbare Masse				x		x	x			G	104
Verrückte Party				x					x	G	31
Verwurzeln		x								E	94
VIP			x							G	149
Vom Dinosaurier zum Roboter		x		x	x					E	157
Was bin ich?				x			x		x	E	103
Wasserkraft aus dem Boden schöpfen		x								E	146
Wechselstandbild				x						G	28
Werbung								x	x	G	34
Wettermassage		x								P	156
Who is who?				x					x	GE	164
Wie ein Blatt im Wind		x						x		P	150
Wo befinde ich mich?				x					x	GE	103
Worte weitergeben								x		K	43
Wörter raten				x						EK	103
Zahlendialog				x				x		G	165
Zeitlupe			x		x					G	137
Ziehen und abstoßen			x		x					P	154
Zip – zap – Boing			x			x				K	155
Zublinzeln						x				K	156
Zug fährt ein								x		K	94
Zungenbrecher								x		K	45

Literatur und Quellenverzeichnis

Anregungen zum Weiterlesen, Vertiefen und Schmökern

Grundlagen der Theaterpädagogik

A. Grönemeyer, Theater-Schnellkurs, DuMont, Köln 1995
L. Schenk-Danzinger, Entwicklungspsychologie, Wien 1993
R. Seitz, Fantasie und Kreativität, Don Bosco München 1998

Theaterspielbücher

L. Bany-Winters, Theater-Spiel-Training für Kinder. Alles für den großen Auftritt, Verlag an der Ruhr, Mühlheim 2000
M. Grau, W. Klingauf, Theaterwerkstatt. Grundlagen, Übungen, Spiele, Don Bosco, München 1995
A. Boal, Theater der Unterdrückten, Edition Suhrkamp, Frankfurt/M. 1979
W. Müller, Körpertheater und Commedia Dell'Arte, Verlag J. Pfeiffer, München 1984
F. Rellstab, Handbuch Theaterspielen, Band 2: Wege zur Rolle, Verlag Stutz Druck AG, CH-8820 Wädenswil 1996
E. Fürl, Das Theaterbuch für Kindergarten und Hort, Von der ersten Idee bis zur Aufführung, Herder, Freiburg im Breisgau 2002
W. Müller, Auf die Plätze, fertig, los. Ein Theaterspielbuch für Kinder, Jugendliche, Eltern und Lehrer, Pfeiffer, München 1988

Atmung, Sprache, Stimme

H. Handerer, Chr. Schönherr, Körpersprache und Stimme, R. Oldenbourg, München 1994
J. Hey, Der kleine Hey. Die Kunst des Sprechens, B. Schott's Söhne, Mainz 1956
H. Coblenzer, F. Muhar, Atem und Stimme, ÖBV Pädagogischer Verlag, Wien 1994

Improvisation

Radim Vlcek, Workshop Improvisationstheater, J. Pfeiffer, München 1997

E. Schriever, U. Wehmeier, Theaterwerkstatt. Von der Idee zur Szene, Wege zum Einstieg, Gesellschaft zur Entwicklung sozialpädagogischer Praxismodelle (GPM), Morsestr. 5, 40215 Düsseldorf

K. Johnstone, Theaterspiele, Alexander, Berlin 1998

Zirkus und Clownerie

E. Müller, Manegenzauber. Kinder spielen Zirkus, Don Bosco, München 1985

S. Günther, Hereinspaziert, Manege frei! Kinder spielen Zirkus, Ökotopia, Münster 2004

T. Remy, Clownnummern, Kiepenheuer und Witsch, Köln 1989

C. v. Barloewen, Clown – zur Phänomenologie des Stolperns, Ullstein, Frankfurt 1984

S. Rennert, Die Zauberwerkstatt. Spielen, basteln und verzaubern, Don Bosco, München 2005

Schwarzes Theater

S. Günther, Das Zauberlicht, Ökotopia, Münster 2000

F. u. U. Reinhardt, Schwarzes Theater, Anleitung und Spielideen, Don Bosco, München 1991

R. Pawelke, Schwarzes Theater aus der Traumfabrik, Hugendubel, München 1995

R. Kersten, Schwarzes Theater, Verlag Puppen und Masken, Frankfurt 1990

Schattenspiel

F. Reinhardt, Menschen- und Figurenschattentheater, Don Bosco, München 1986

G. Haehnel, F. Söll, Wir spielen mit unserem Schatten, Rowohlt, Hamburg 1986

R. Seitz (Hrsg.), Spiele mit Licht und Schatten, Don Bosco, München 1984

Pantomime

W. Bartussek, Pantomime und Darstellendes Spiel, Matthias Grünewald, Mainz 1990

K. Hamblin, Pantomime – spiel mit deiner Fantasie, Ahorn, Soyen 1979

Schminken

Theaterschminkfibel, Kryolan Berlin GmbH 1990

I. Becker, Verzauberte Gesichter, Christophorus, Freiburg 1989

Musik

M. Widmer, Spring ins Spiel. Elementares Musiktheater mit schulischen und außerschulischen Gruppen, Fidula, Boppard am Rhein 2004
M. Schwabe, Musik spielend erfinden. Improvisieren in der Gruppe für Anfänger und Fortgeschrittene, Bärenreiter, Kassel 1992
B. Tischler, Musik aktiv gestalten, Diesterweg, Hannover 1994 / 2003
B. Tischler, R. Moderer-Tischler, Musik aktiv erleben, Diesterweg, Frankfurt/M. 1990 / 1998
G. Storms, 100 Spiele mit Musik, Kallmeyer, Seelze (Velber) 1998
D. Kreusch-Jakob, Klangwerkstatt für Kinder, Don Bosco, München 2002

Maskentheater

R. Seitz (Hrsg.), Masken – Bau und Spiel, Don Bosco, München 1986
Chr. Riemer, Maskenbau und Maskenspiel, Moby Dick, Kiel 1986

Quellen

S. 44: Das Drachenabeceh, Dieter Brembs, aus: Hans-Joachim Gelberg (Hrsg.), Überall und neben dir, 1986 Beltz & Gelberg in der Verlagsgruppe Beltz, Weinheim & Basel
S. 139: Achtung Spukzeit, Roswitha Fröhlich, aus: Ins Land der Fantasie – Gedichte für Kinder, Philipp Reclam jun., Stuttgart 2003, © bei der Autorin

Der Vorhang schließt sich!

Notizen

Notizen